Reinhold Rothweiler
Herfried Steidl

Setter und Pointer

Herausgegeben unter dem Patronat des
Verbandes für das Deutsche Hundewesen e. V.,
44141 Dortmund

Reinhold Rothweiler
Herfried Steidl

Setter und Pointer

Praktische Ratschläge für Haltung, Pflege und Erziehung

6., neubearbeitete Auflage
Mit 50 Abbildungen, davon 40 farbig

Parey Buchverlag Berlin 1997

Parey Buchverlag im
Blackwell Wissenschafts-Verlag
Kurfürstendamm 57, D-10707 Berlin

Das Kapitel „Gesundheit" wurde von Dr. med. vet. Peter Brehm verfaßt; das Kapitel „Ernährung" von Dipl. vet. med. Lutz Salomon.

Die Deutsche Bibliothek – CIP-Einheitsaufnahme

Setter und Pointer : praktische Ratschläge für Haltung, Pflege und Erziehung / Reinhold Rothweiler ; Herfried Steidl. [Das Kap. „Gesundheit" wurde von Peter Brehm, das Kap. „Ernährung" von Lutz Salomon verf.]. – 6., neubearb. Aufl. – Berlin : Parey, 1997
(Dein Hund)
ISBN 3-8263-8465-2

Einbandgestaltung: Rudolf Hübler, Berlin, unter Verwendung von zwei Abbildungen aus dem Besitz der Verfasser
Satz und Repro: Type-Design, Berlin
Druck und Bindung: Grafos S.A., Arte sobre papel, Barcelona

Gedruckt auf chlorfrei gebleichtem Papier

Printed in Spain • ISBN 3-8263-8465-2

Vorwort

Herfried Steidl sei für die gewissenhafte Neubearbeitung des Buches gedankt. Mit großem Einfühlungsvermögen nimmt er auf Veränderungen, die sich im Laufe der letzten Jahre ergeben haben, Rücksicht und versteht, mit großem Sachverstand sowie aus eigener Erfahrung, Züchtern und Führern von Settern sowie Pointern viel Wissenswertes zu vermitteln und bei mit diesen Rassen weniger Vertrauten Verständnis für diese Hunde zu erwecken.

Die 1. Auflage dieses Buches erschien 1958 unter der Reihe „Freund Hund", verfaßt vom damaligen 1. Vorsitzenden, Otto Hofmann, dessen wichtigstes Verdienst es war, daß 1952 der Verein für Pointer und Setter Mitglied im Jagdgebrauchshundverband wurde.

Im Jahr 1902 wurde in Bingen am Rhein der „Setterclub" ins Leben gerufen. Beide Verbände schlossen sich später unter dem Namen „Pointer und Setter Verein" zusammen.

Alle Gründungsmitglieder, die Pointer und Setter als Jagdhunde führten, hatten ein Zuchtziel: Hervorragende Jagdhunde mit möglichst gutem Formwert zu züchten. In diesem Zusammenhang seien Zitate des damaligen 1. Vorsitzenden in Erinnerung gerufen: „Die Pointer und Setter sollen gute Jagdgebrauchshunde mit Spitzenleistung in der Feldarbeit sein" und „Das besondere Verdienst der deutschen Pointer- und Setterzüchter, -halter und -führer ist es, diese Hunde nicht nur als Feldhunde allein, sondern, wie vor Jahrhunderten in Spanien, auch als Apportier- und Wasserhunde verwandt zu haben."

Ich wünsche allen Lesern recht viel Freude und Befriedigung aus dem Umgang mit Pointern und Settern, den treuen Hausgenossen und Jagdgefährten.

Stuttgart, im Frühjahr 1997

Reinhold Rothweiler
Ehrenpräsident des Vereins
für Pointer und Setter

„DER FORMULA QUALITY STANDARD SETZT NEUE MASSTÄBE IN DER HUNDE-ERNÄHRUNG.“

(Dr. Ivan Burger, leitender Ernährungswissenschaftler in unserem Waltham® Centre für Heimtierhaltung und -ernährung)

Neue Erkenntnisse in der Hunde-Ernährung fordern neue Maßstäbe: Den **FORMULA QUALITY STANDARD.**

Dieser Standard ist das Resultat eingehender Studien unserer Ernährungswissenschaftler und Tierärzte in **Waltham**®, der Welt-Autorität für Heimtierhaltung und -ernährung.

Der **FORMULA QUALITY STANDARD** verlangt höchste Qualität der Zutaten und gewährleistet eine optimale Verdaulichkeit. Außerdem werden **Protein-Quelle,** Beschaffenheit der Kohlenhydrate, Vitamine und auch Mineralstoffe in der Hunde-Nahrung genau festgelegt, um das Risiko sensibler und allergischer Reaktionen so gering wie möglich zu halten.

Pedigree PAL ADVANCE FORMULA
FORMULA QUALITY STANDARD

Das Ergebnis: Die **ADVANCE FORMULA Range**. Hunde-Nahrung, die vollständig diesen höchsten Maßstäben entspricht und exakt auf Hunde ausgerichtet wurde, bei deren Ernährung **spezielle Ansprüche** erfüllt werden sollen.

Und welchem Standard entspricht die tägliche Ernährung Ihres Hundes?

Mit unseren Tierärzten entwickelt, von erfolgreichen Züchtern empfohlen.

ADVANCE FORMULA. Im führenden Fachhandel erhältlich. Bezugsquellen nennen wir Ihnen unter: 01 30/12 22 23

Inhalt

Der English Setter und seine Herkunft

Auf vielen alten Gemälden, besonders der niederländischen Schule, erblickt man neben der fürstlichen oder adeligen Persönlichkeit oft einen Jagdhund, knapp mittelgroß, langhaarig, weißbunt. Diese kleinen Hunde, häufig „Vogelhunde" genannt, sind wohl die Vorfahren all unserer langhaarigen Jagdhunde. Ich will damit sagen, daß der Große Schwarzweiße Münsterländer, der Kleine Münsterländer (Heidewachtel), der Deutsch-Langhaar, die beiden Schläge des Epagneul, der Deutsche Wachtel, die Spanielschläge und somit auch unsere Setter alle auf diese gemeinsamen Vorfahren zurückgehen.

Die Vorstehanlage war vermutlich nicht allen eigentümlich. So haben sich die langhaarigen Vorstehhunde neben den langhaarigen Stöberhunden entwickelt. Für viele Setter ist es charakteristisch, daß sie in der Vorstehhaltung auf der Hinterhand zusammensinken und immer niedriger werden, während die Vorhand aufgerichtet und die Nase weit in den Wind gereckt ist. Sie scheinen zu sitzen. Dabei ist der Körper besonders gestrafft, und man sieht, daß der Hund von der Wildwitterung förmlich fasziniert ist.

Diese Haltung hat der Rasse den Namen gegeben. Er bedeutet wörtlich „Sitzer". Diese Haltung kommt auch beim Pointer vor, ebenso wie das Vorliegen. Ein angenehmes, zutunliches Wesen, Klugheit und Anstelligkeit wird diesen Hunden mit Recht nachgerühmt.

Im Laufe der Zeit bildeten sich in den einzelnen Ländern verschiedene Schläge heraus, abweichend voneinander in Farbe und Veranlagung. England wurde die Heimat des Setters, zunächst des English Setters. Ob die Engländer während und nach dem Spanischen Erbfolgekrieg (1701–1714) kleinere langhaarige Jagdhunde auf die Insel gebracht haben und sie mit den einheimischen Schlägen kreuzten, kann wohl ebensowenig einwandfrei bewiesen wie bestritten werden.

In Britannien züchtete man zunächst seine Hunde genauso unbekümmert, je nach dem persönlichen Bedarf, wie anderswo. Man fragte nicht nach Ahnentafeln. Vermutlich wurden die Engländer durch die Araber zur Ausfertigung von Ahnentafeln angeregt. Denn die „Wüstensöhne" gingen schon sehr früh, Jahrhunderte vor uns, daran, Abstammungsnachweise für ihre Pferde aufzustellen.

Der Wohlstand der Interessenten, eine große züchterische Veranlagung und die sportliche Neigung gaben den

Anlaß zu Aufzeichnungen der Abstammung besonders guter Hunde, und der Zusammenschluß zu kynologischen Klubs ließ die Ahnentafeln ganz allmählich Allgemeingut werden. Noch zu Jahrhundertbeginn hatten die wenigsten Jagdhunde „Papiere". Ausnahmen wurden besonders angestaunt, und man war natürlich aus Mangel an züchterischem Wissen sehr enttäuscht, wenn nicht jeder „Stammbaumhund" ein Wundertier war. Zunächst griff man auf die privaten Aufzeichnungen einzelner Herren zurück, und so kam man langsam zur Ahnentafel als einer Urkunde in unserem Sinne. Dabei ist bezeichnend, daß man sagte, der Name unter der Ahnentafel sei wichtiger als die darin aufgeführten Namen.

Die sportliche Neigung der Interessenten und die „Lebensaufgabe" des Hundes führten dann dazu, die jagdlichen Leistungen einer öffentlichen Prüfung zu unterziehen. Das war der Anfang unseres Suchen- und Prüfungswesens. Aus den Vorführungen ergab sich auch zwangsläufig eine Abstufung der gezeigten Arbeiten, also die Vergabe von Preisen. Ebenso zwangsläufig war es, daß man sich sein Zuchtmaterial in erster Linie aus den vorgeführten und erfolgreichen Hunden suchte.

Natürlich sollten die Hunde auch „schön" sein. Neben genauen Bestimmungen für die Beurteilung der Leistungen ergab sich somit die Notwendigkeit, allgemein gültige Rassekennzeichen aufzustellen.

Dem weißbunten, langhaarigen Vorstehhund, unserem English Setter, widmete man von Anfang an eine besondere Liebe und Aufmerksamkeit, weil er von seinen Vorfahren schon gute Erbanlagen mitbekommen hatte. Das ging soweit, daß man die Zuchtprodukte des weltberühmten Zwingers „Laverak" auf Grund der Erfolge so schätzte, daß man statt vom English Setter nur vom Laveraksetter sprach. Man hat deshalb früher die Jäger nie vom English Setter sprechen hören, sie gebrauchten durch die Bank den ersteren Namen, obwohl die Hunde wohl nur zum geringsten Teil aus dem Zwinger Laverak stammten. Und Laverak muß unter allen Umständen zu den größten und erfolgreichsten Setter-Züchtern gerechnet werden.

Viele Jahre hindurch siegten seine Hunde immer wieder auf den Suchen. Später konnte oder wollte Mister Laverak den hohen Leistungsstand nicht mehr halten. Vielleicht war es die unausbleibliche Folge eines sehr großen Zwingers, daß es ihm unmöglich war, die einzelnen Zuchttiere genau zu kennen. Die Hunde verloren an Führigkeit, es stellten sich Entartungserscheinungen ein, die teilweise zu völliger Unbrauchbarkeit führten. So steht am Ende dieses Züchterlebens dann ein bedauerlicher Abstieg.

English-Setter-Hündin in Vorstehpose

Ein jüngerer Zeitgenosse Laveraks war Mister Llewellin. Er war trotz seiner Beobachtungen bei Laveraks Zucht davon überzeugt, daß die unerwünschten Erscheinungen nicht an der Rasse lagen, sondern an Fehlern, die der alternde Laverak machte. So war Llewellin zeitlebens darauf bedacht, eine strenge Leistungszucht zu betreiben, und der Erfolg blieb ihm treu.

Der English Setter fand bei unseren östlichen Nachbarn, auf den Gütern im Baltikum, eine begeisterte Aufnahme und liebevolle Pflege. Auch die skandinavischen Länder wandten sich der Rasse zu, und heute noch verfügt man dort über sehr gutes Material. Man züchtete dort anfänglich streng nach englischem Vorbild, ging aber dann dazu über, die Hunde zum mindesten zum Bringen und Verlorenbringen von Federwild anzuhalten. Nach der Mitte des vorigen Jahrhunderts waren die English Setter dann auch bei deutschen Jägern bald sehr beliebt und geschätzt. Immer wieder lobte man die unübertrefflichen Leistungen im Feld und im Wasser. Inzwischen entwickelte sich bei uns die Bewegung für den deutschen Gebrauchshund. Dadurch gingen die englischen Rassen stark zurück. Der deutsche Hund wurde Mode, weil sehr geschickt für ihn geworben und gearbeitet wurde, weil dieser Hund weniger sorgfältig vorbereitet werden mußte und teilweise leichter zu führen war. Nach dem Ersten Weltkrieg waren unsere Hunde zahlenmäßig auf einem besorgniserregenden Tiefstand angelangt. In sehr mühsamer und langer Arbeit wirkten die unentwegten Freunde unserer Hunde weiter und erreichten, daß auch die höchsten Ansprüche in Form und Leistung befriedigt wurden. Man kann beobachten, daß die Entwicklung noch ständig aufwärts geht.

Standard

Charakteristisches. Ein besonders freundlicher und gutmütiger Hund mit ausgeprägtem Sinn für Wild.

Allgemeines Erscheinungsbild. Von mittlerer Größe, klar in seinen Umrissen, elegant in der Erscheinung und in der Bewegung.

Kopf und Schädel. Kopf lang und verhältnismäßig trocken mit deutlichem Stop. Schädel von Behang zu Behang oval, mit viel Raum für das Gehirn und mit ausgeprägtem Hinterhauptbein. Fang mäßig tief und ziemlich rechteckig. Die Entfernung vom Stop zur Nasenspitze sollte gleich der vom Stop zum Hinterhauptbein sein. Weite Nasenlöcher und die Kiefer von nahezu gleicher Länge. Die Lefzen nicht zu sehr pendelnd. Die Farbe der Nase sollte schwarz oder leberfarben sein, der Farbe des Haarkleides angemessen.

Augen. Die Augen sollten lebhaft, sanft und aufmerksam sein, von haselnußbrauner Farbe, je dunkler, desto besser.

Behänge. Von mittlerer Länge und tief angesetzt, in einer schönen Falte flach anliegend. Der obere Teil mit feinem, seidigem Haar bedeckt, die Spitzen samtig.

Gebiß. Die Kiefer sollten stark sein, mit einem regelmäßigen, vollständigen Scherengebiß, d. h., die oberen Zähne müssen die unteren fest übergreifen und rechtwinklig zum Kiefer stehen.

Hals. Ziemlich lang, schlank und gut bemuskelt. Am Kopf gebogen und klar geschnitten, zu den Schultern hin stärker werdend und sehr muskulös. Keine Wamme, elegant erscheinend.

Vorderhand. Gut zurückliegende oder schräge Schulter. Der Brustkorb soll genügend tief und breit zwischen den Schulterblättern liegen. Starke und muskulöse Vorderläufe von gutem Knochenbau mit korrekt heruntergelassenen Ellenbogen. Fesseln kurz, gut bemuskelt und gerade.

Rumpf. Von mittlerer Länge, der Rücken kurz und gerade, mit gut gewölbten Rippen, d. h. gut aufgerippt.

Hinterhand. Breite Lendenpartie, leicht gebogen, stark und muskulös. Ausgeprägter Unterschenkel, kräftige und gut gewinkelte Kniegelenke, lange Schenkel von der Hüfte bis zum Sprunggelenk.

Pfoten. Fest geschlossen und kompakt. Gut geschützt durch Behaarung zwischen den Zehen.

Rute. Annähernd in Rückenhöhe angesetzt, mittellang, nicht lockig und nicht gedreht. In einer leichten Kurve oder leicht säbelförmig getragen, jedoch ohne Tendenz nach aufwärts. Schöne lange Befederung, die nicht

English Setter in verschiedenen Farbvarianten

schon an der Wurzel, sondern etwas darunter beginnt, sich zur Mitte hin verlängernd, um sich dann zum Ende hin wieder allmählich zu verjüngen. Das Haar ist lang, glänzend, weich und seidig, leicht gewellt, aber nicht lockig.

Haarkleid. Das Haarkleid sollte vom Hinterkopf an, in Höhe der Behänge, über den ganzen Körper leicht gewellt und seidig sein. Die Oberschenkel der Hinterläufe und die Vorderläufe, fast bis an die Pfoten, sollten schön befedert sein.

Farbe. Die Farbe kann entweder schwarz und weiß, zitronenfarben und weiß, leberfarben und weiß oder tricolor sein, das ist schwarz, weiß und tan. Gleichmäßig getupft wird gegenüber großen Farbplatten am Körper bevorzugt.

Gewicht und Größe. Rüden 65 bis 68 cm, Hündinnen 61–65 cm (Stockmaß). Gewicht: Rüden 27–30 kg, Hündinnen 25–28 kg.

Fehler. Jegliche Abweichung von der vorstehenden Beschreibung sollte als Fehler betrachtet werden.

Die Konsequenz der Feststellung des Fehlers sollte im richtigen Verhältnis zum Grad der Abweichung stehen.

Anmerkung. Rüden sollten zwei äußerlich normale Hoden haben, die voll und ganz im Hodensack liegen.

Der Irish Setter

Vor ungefähr 80 Jahren zeigte ein alter Arzt, passionierter Jäger bis zu seinem Tod, auf ein kleineres Ölgemälde mit den Worten: „So sahen die Irish Setter am Anfang aus.“ Auf dem Bilde waren zwei gelbrote, langhaarige Vorstehhunde abgebildet. Der eine war gelbrot gemantelt mit weißem Kragen und weißen Stiefeln, der andere zeigte sehr große, fast ineinander übergehende rötliche Platten mit weißem Stirnstrich und großer „weißer Weste“.

Demnach wird die Entwicklung des roten Setters so verlaufen sein: Die Hunde mit den großen Platten und der Mantelung reizten die Züchter dazu, möglichst einfarbige, rotgelbe Setter zu züchten. Der Stammvater des heutigen Irish Setter ist also ohne Zweifel der weißgelbe English Setter. Wenn die beiden Schläge heute im Kopf, der Gesamterscheinung und im Wesen auch noch so stark voneinander abweichen, so ändert das in ihrer Herkunft nichts.

Einfarbig rote Hunde zu erzielen war eine schwierige, aber auch eine reizvolle Aufgabe. Durch viele Generationen hindurch werden immer wieder weißbunte Welpen gefallen sein, die man bei der Zucht dann ausschaltete.

Eine Parallele haben wir in der Zucht des roten Spaniels, die sich in jüngerer Zeit vollzog. Der Brite ist ein ebenso begabter wie zäher Züchter. Anfänglich nahm man noch kleine, weiße Abzeichen in Kauf, und auch heute disqualifiziert ein kleiner weißer Brustfleck nicht, wenn man ihn auch nicht gerne sieht. Gleichzeitig ging man daran, die Farbe zu verbessern. Das Gelbrote sollte dunkler werden. Man kam zu einem schönen Goldrot und schließlich zu dem heutigen satten Mahagonirot mit Goldglanz.

Der erste Irish Setter dieser Art war Kuno v. Habichtshof, für die damalige Zeit eine Sensation in Haar, Farbe und Gebäude. Sein Bruder Omar v. Habichtshof gab ihm kaum etwas nach. Kuno fiel auf einer Suche zwar wegen einer kleinen Hasenhetze durch, war aber ein jagdlich wirklich guter Hund. Inzwischen ist diese herrliche Farbe allgemein zu finden. Die Zucht hat große Erfolge, auch in der Leistung, erzielt. Um nicht in den Verdacht willkürlicher Bevorzugung einzelner Zwinger zu kommen, will ich darauf verzichten, Namen zu nennen. Der Zwinger „v. Habichtshof“ ist schon seit vielen Jahrzehnten erloschen.

Es wäre sicher für folgende Generationen interessant, etwas von unseren ganz guten Vererbern der Gegenwart zu erfahren. Wer sich näher dafür interessiert, findet in der Leistungsliste unserer Zuchtbücher die erwünschten Angaben. Manchmal schien es so, als solle dem schönen Hunde seine adelige Erscheinung zum Verhängnis werden und ihn zum arbeitsuntüchtigen Luxusgeschöpf herabsinken lassen.

Wer einen tüchtigen Jagdgefährten sucht, der hat wirklich Gelegenheit, sich aus unseren guten und bewährten Stämmen den entsprechenden Hund auszuwählen.

Standard

Allgemeine Erscheinung. Rassig, voller Qualität und freundlich im Ausdruck.

Kopf und Schädel. Der Kopf soll lang und trocken, aber nicht schmal und spitz sein und nicht grob am Ansatz der Behänge. Der Schädel oval zwischen den Behängen, mit viel Raum für das Gehirn; ausgeprägtes Hinterhauptbein. Hohe Stirn, gut entwickelter Stop. Fang von mittlerer Tiefe und fast rechteckig am Ende, lang zwischen Stop und Nasenschwamm,

Irish-Setter-Rüde

Porträt einer
Irish-Setter-Hündin

weite Nüstern, Kiefer nahezu gleich lang, Lefzen nicht pendelnd. Die Farbe der Nase: dunkles Mahagoni, dunkle Walnußfarbe oder Schwarz.

Augen sollten dunkelhaselnußbraun oder dunkelbraun und nicht zu groß sein.

Behänge. Von mittlerer Größe, fein, tief angesetzt und zurückliegend. In einer schönen Falte dicht am Kopf herabhängend.

Gebiß. Weder Vor- und Rückbiß.

Hals. Von mittlerer Länge, sehr gut bemuskelt, aber nicht zu dick. Leicht gebogen und frei von jeglicher Tendenz zur Wamme.

Vorderhand. Schulter gut zurückliegend und tief herabreichend. Brust so tief wie möglich, ziemlich schmal. Vorderläufe parallel, gerade, sehnig und von guter Knochensubstanz. Ellbogen frei und gut heruntergelassen, weder nach innen noch nach außen gedreht.

Rumpf. Wohlproportioniert, mit gut gewölbten Rippen, um der Lunge viel Raum zu geben. Lenden gut bemuskelt und leicht gebogen.

Hinterhand. Sollte weit und kraftvoll sein. Von der Hüfte bis zum Sprunggelenk lang und gut bemuskelt, vom Sprunggelenk bis zur Ferse kurz und stark. Knie- und Sprunggelenke gut gewinkelt und parallel zueinander stehend.

Pfoten. Sie sollten klein und fest sein, mit starken Zehen, gut gewölbt und geschlossen.

Rute. Sie sollte von mittlerer Länge sein, in Proportion zur Größe des Rumpfes. Ziemlich tief angesetzt, stark an der Wurzel und zu einer feinen Spitze sich verjüngend. Annähernd auf gleicher Höhe mit dem Rücken getragen oder tiefer.

Haarkleid. Am Kopf, an den Vorderseiten der Läufe und an den Behangspitzen kurzes, feines Haar, aber an allen anderen Stellen des Körpers und der Läufe von mittlerer Länge, flach und möglichst frei von Locken oder Wellen. Befederung am oberen Teil der Behänge lang und seidig, auf der Rückseite der Vorder- und Hinterläufe lang und fein. Beträchtlich viel Haar auch am Bauch, einen schönen, fransenartigen Rand bildend, der sich zur Brust und zum Hals ausweitet. An den Pfoten viel Haar zwischen den Zehen. An der Rute fransenähnliche Befederung, verhältnismäßig lang und zur Spitze hin verjüngt. Die ganze Befederung so gerade und glatt wie möglich.

Farbe. Die Farbe sollte ein sattes Kastanienbraun sein, ohne jede Spur von Schwarz. Weiß auf der Brust, am Hals oder an den Zehen sowie ein kleiner Stern auf der Stirn, ein schmaler Streifen oder eine Blesse auf der Nase bzw. Stirn sind nicht disqualifizierend.

Anmerkung. Rüden sollten zwei äußerlich normale Hoden haben, die voll und ganz im Hodensack liegen.

Der Irish Rot-Weiße Setter

Am 6. Juni 1989 hat die FCl den Irish Red and White Setter als eigenständige Rasse anerkannt (Standard-Nr. 330).

Schon im Jahre 1970 arrangierte der Irische Kennel Club ein besonderes Zuchtprogramm, um diese typisch „irische" Rasse neu zu beleben. Die ersten attraktiven Exemplare wurden 1980 nach England importiert und sind schnell populär geworden, da sie auch gute Ausstellungshunde und anhängliche Familienhunde sind, einfach in der Abrichtung und leicht abzuführen.

Diese Irish Red and White Setters sind zielbewußt herausgezüchtet worden und erweisen sich als ausgezeichnete Arbeitshunde. Ursprünglich für die schwierigen Moorlandschaften Westirlands gedacht, sind sie sehr behende und durchstreifen schnell große und ausgedehnte Flächen, um nach Wild zu suchen und es vorzustehen. Sie arbeiten Waldschnepfe, Bekassine, Rebhuhn und Fasan, aber ihre Ursprungsarbeit war das Moorhuhn.

Der Irish Red and White Setter Club of Great Britain folgt dem FCl-Standard. Die Ziele des Klubs sind die Aufrechterhaltung der Arbeitsfähigkeit und ihre Bewahrung für die Folgegenerationen; ein besonderer Ausschuß gibt dazu Ratschläge, hält Trainingstage ab und führt Veranstaltungen zur Prüfung von Anlagen der Arbeitsfähigkeit durch.

Standard

Ursprung. Irland, 10. April 1989.
Verwendung. Der irische rot-weiße Setter ist ein freundlicher, zuverlässiger und leichtführiger Jagdhund. Sein gutes und liebenswürdiges Naturell machen ihn zu einem angenehmen Gefährten und Freund, sowohl im Hause als auch bei der Jagd.

Der irische rot-weiße Setter wurde in erster Linie für die jagdliche Arbeit erzüchtet. Alle Richter müssen daher angehalten werden, die vorgestellten Exemplare in erster Linie vom Standpunkt ihrer Arbeitsbefähigung zu bewerten.
Klassifikation. Gruppe 7 – Vorstehhunde – Sektion 2 – Britische und irische Vorstehhunde.
Kurzer geschichtlicher Überblick. Der irische rot-weiße Setter wurde wahrscheinlich Ende des 17. Jahrhunderts erzüchtet. Außerhalb Irlands war es nicht sehr bekannt, daß es zwei irische Setterarten gibt, aber es ist ziemlich sicher, daß der rot-weiße Setter die ältere der beiden Rassen ist, wo-

bei durch Zuchtauswahl der einfarbig rote Setter entstanden ist. Als die irischen Setter kurz nach Mitte des 19. Jahrhunderts auf den Ausstellungen erschienen, herrschte eine sehr große Ungewißheit über die korrekte Farbe. Ende des Jahrhunderts hatte der rote Setter den rot-weißen in den Schatten gestellt. Letzterer wurde so selten, daß man glaubte, er sei ausgestorben. Nach 1920 wurden große Anstrengungen unternommen, diese Rasse wieder zu etablieren. 1944 hatte sie sich wieder so gefestigt, daß sich ein eigener Rassehundeklub gründete. Heutzutage kann der rot-weiße Setter in züchterisch vernünftiger Anzahl auf den irischen Ausstellungen angetroffen werden. Jagdausübende schätzen ihn etwas höher als den roten irischen Setter ein, da er ein ausgeglicheneres Wesen aufweist und in herbstlicher Umgebung besser zu erkennen ist.

Allgemeines Erscheinungsbild des Hundes. Stark und kraftvoll, sehr ausgewogen und gut proportioniert, ohne jegliches Zeichen von Schwerfälligkeit, eher athletisch als rassig.

Wesen. Aristokratisch, leidenschaftlich und reaktionsstark. Zeigt nach außen eine liebenswürdige, freundliche Grundhaltung, hinter der sich

Irish-Red-and-White-Setter-Hündin

Entschlossenheit, Mut und Energie verbergen.

Kopf. Breit im Verhältnis zum Körper, mit ausgeprägtem Stop.

Oberkopf. Gewölbt, Hinterhauptbein nicht so deutlich erkennbar wie dies beim Irish Red Setter der Fall ist.

Stop. Ausgeprägt.

Vorgesicht. Makellos geformt und rechteckig.

Gebiß/Zähne. Kiefer von gleicher oder fast gleicher Länge, regelmäßiges Gebiß, ideal ist das Scherengebiß, Zangengebiß zulässig.

Augen. Dunkelhaselnußbraun oder dunkelbraun; rund, leicht hervortretend, Nickhaut nicht sichtbar.

Behang. In einer Höhe mit den Augen und weit hinten angesetzt, dicht am Kopf anliegend getragen.

Hals. Angemessen lang, sehr muskulös, jedoch nicht zu dick, leicht gebogen, frei von jeglichem Anzeichen einer Wamme.

Körper. Kräftig und muskulös, tiefe Brust mit gut gewölbten Rippen, Rücken soll sehr muskulös und kraftvoll sein.

Rute. Mittellang, nicht tiefer als bis zu den Sprunggelenken reichend, kräftig an der Wurzel, verjüngt sie sich allmählich zu einer feinen Spitze, weder gedreht noch gewunden. In einer Ebene mit der Rückenlinie oder darunter getragen.

Vorderhand. Gut zurückliegende, schräge Schultern, Ellenbogen frei an den Seiten, dabei weder ein- noch ausdrehend. Vorderläufe gerade und sehnig, gute Knochenstärke mit kräftigem Vordermittelfuß.

Hinterhand. Breit und kraftvoll, von der Hüfte bis zu den Sprunggelenken, gute Länge der Schenkel, Hintermittelfuß angemessen lang und stark. Kniegelenk gut gewinkelt, Sprunggelenk gut tiefstehend und weder ein- noch ausdrehend.

Läufe. Starke Knochen, gut bemuskelt und sehnig.

Pfoten. Gut geformt, geschlossen, mit reichlicher Befederung zwischen den Zehen.

Gangwerk. Im Trab weit ausgreifend, sehr lebhaft, anmutig und rationell. Der Kopf hoch erhoben getragen, Hinterhandbewegung fließend mit großem Schub. Die Vorderläufe bewegen sich bei gutem Vortritt flach über den Boden. Von vorn oder von hinten betrachtet, bewegen sich die Vorderläufe und die Hinterläufe ab Sprunggelenke abwärts im Bezug zum Boden gerade wie ein Pendel; weder in Vor- noch Hinterhand kreuzend oder strickend.

Haarkleid. Beschaffenheit: Langes, seidiges Haar, als sogenannte Befederung an der Rückenseite der Vorder- und Hinterläufe sowie auf der Außenseite des Behangs. Gleichfalls ist eine angemessene Menge Haar an den Flanken zu finden, welches sich an Brust und Hals fortsetzt und dort eine Art Besatz bildet. Befederung grundsätzlich gerade, glatt und nicht zu üppig. Die Rute sollte gut befedert sein. Am Kopf, an den Vorderseiten der Läufe sowie an den restlichen Partien des Körpers sollte das Haar kurz und glatt, ohne jegliche Lockenbildung sein, wobei eine geringe Wellenbildung zulässig ist.

Farbe. Grundfarbe Weiß, mit nicht durchbrochenen roten Flächen (wie gut abgegrenzte rote Inseln); wobei beide Farben ein Maximum von Intensität und Leuchtkraft auszeichnen sollte.

Tüpfelung, jedoch keine Streifenbildung („roan") am Gesicht, an den Pfoten, an den Vorderläufen bis höchstens zu den Ellenbogen und an den Hinterläufen bis höchstens zu den Sprunggelenken ist zulässig. Streifenbildung, Tüpfelung und Sprenkelung an jedem anderen Körperteil ist unerwünscht und muß bei der Beurteilung bestraft werden.

Größe. Erwünschte Schulterhöhe Rüden 62 bis 66 cm, Hündinnen 57 bis 61 cm.

Der Schottische oder Gordon Setter

Nun wäre etwas über den letzten der Vettern, über den Schottischen oder Gordon Setter zu sagen.

Weil man die beiden anderen Schläge nach ihrem engeren Heimatland benannt hatte, ist man auch beim dritten bei dieser Gepflogenheit geblieben. Er ist der jüngste der drei Schläge, und trotzdem wissen wir auch über ihn keine Einzelheiten. Zweifellos gehören der Irish und der English Setter zu seinen unmittelbaren Vorfahren. Fest dürfte aber stehen, daß der Herzog v. Gordon diese Hunde für seinen Jagdgebrauch mit besonderer Sorgfalt gezüchtet hat. Auch nach seinem Tode war die Rasse wohl noch nicht endgültig fixiert.

Der Schöpfer der Rasse glaubte wohl, in seiner rauhen schottischen Heimat brauche er für sich und seine Jägerei einen besonders robusten,

Irish und Gordon Setter im Gelände. Ölgemälde von Thomas Blinks, Ende 19. Jahrhundert

kräftigen Hund, der dem schwierigen Gelände gewachsen sei, wo Fels und Moor besondere Anforderungen stellen. Außerdem ergaben sich häufig Schweißarbeiten. Lieber verzichtete man etwas auf Schnelligkeit zugunsten der Vielseitigkeit und der sicheren Schweißarbeit.

Charakteristisch in der äußeren Erscheinung des Gordon ist die massigere Gestalt. Der Kopf ist schwerer als bei den anderen Settern, der Oberkopf stärker gewölbt. Charakteristisch ist ferner der meist ernste Gesichtsausdruck sowie die leuchtend roten Abzeichen, die sehr wirkungsvoll von der lackschwarzen Hauptfarbe abstechen.

Gerade der ernste Gesichtsausdruck und die Neigung zur Schweißarbeit ließen die Meinung aufkommen, daß man den heute recht seltenen Bloodhound eingekreuzt habe; jene Rasse also, die in längst vergangenen Zeiten in den Kolonien zur Menschenjagd, zur Suche auf entsprungene Sklaven, verwendet wurde. Ferner wurde immer wieder der schwarzrote Schottische Schäferhund mit den gleichen roten Abzeichen als einer der Stammväter genannt.

Nun findet man aber bei manchen Kynologen die Ansicht vertreten, daß gerade die Farbe und die Abzeichen des Gordon Setters charakteristisch für ganz alte Rassen sei. Man verweist dabei auf die Teckelfarbe und auf die verschiedenen Brackenarten, z. B. die „Brandelbracke“ in den östlichen Alpenländern. Auch Pinscher, Rottweiler und Sennenhunde weisen diese Färbung auf. Der Dobermann gehört in diese Reihe, wenn er auch in seiner heutigen Form jüngeren Datums ist. Bekanntlich traten als Atavismus auch beim Deutsch-Kurzhaar immer mal wieder gelbe Abzeichen auf. Und wenn man schon von ganz alten Rassen und ihrer Haarfarbe spricht, dann gehört der jetzt wiederholt genannte Bloodhound bestimmt zu den allerältesten. Daher kommt die Meinung, daß gerade von ihm der Gordon ein reichliches Erbe, äußerlich und innerlich, mitbekommen hat.

Die ersten Gordon Setter werden wohl in der zweiten Hälfte des vorigen Jahrhunderts bei uns aufgetaucht sein. Anspruchsvolle „Herrenjäger“ importierten sie, und man war des Lobes voll über ihre Arbeit. München mit seinen weiten Revieren in den „Mösern“ und Auen war lange Zeit eine Hochburg der Rasse.

Standard

Allgemeine Erscheinung. Eleganter Hund, gebaut zum Galoppieren. Vollbluterscheinung, die mit der eines gewichttragenden Jagdpferdes verglichen werden kann. Er muß absolut symmetrisch und ausbalanciert sein. Kräftiger, relativ kurzer und gerader Rücken und eine ziemlich kurze Rute. Verhaltnismäßig langer Kopf mit klarer Linienführung. Klare Farben und ein langes, glattes Haarkleid.

Kopf und Schädel. Kopf eher tief als breit, der Schädel aber deutlich breiter als der Fang, dem Hirn viel Raum lassend. Schädelpartie leicht gerundet und zwischen den Behängen am breitesten. Klar sichtbarer Stop, vom Hinterhaupt bis zum Stop etwas länger als vom Stop bis zur Nase. Trockene Augenpartie, Backen so schmal, wie es die Trockenheit des Kopfes erlaubt. Verhältnismäßig langer Fang mit fast parallelen Linien, nicht spitz, weder von oben noch von der Seite. Klar ausgeprägte Lefzen, aber nicht pendelnd. Großer, breiter Nasenschwamm mit offenen Nasenlöchern, schwarz in der Farbe. Fang nicht ganz so tief wie lang.

Augen. Von guter Größe, nicht zu tief liegend und nicht zu sehr hervortretend, aber ausreichend unter den Augenbrauen liegend mit lebhaftem und aufmerksamem Ausdruck. Dunkelbraun und glänzend.

Behänge. Tief am Kopf angesetzt und dicht anliegend, mittelgroß und dünn.

Fang. Gleichmäßig, kein Vor- oder Rückbiß.

Hals. Lang, schlank und zum Kopf hin gebogen, ohne irgendwelche Wamme.

Vorderhand. Lange und schräggestellte Schultern mit breiten, flachen Knochen. Schulterblätter liegen am Widerrist ziemlich eng an. Schulterpartie nicht überladen, d. h. zu dick, was die Bewegungsfreiheit beeinträchtigen würde. Gut heruntergelassene Ellenbogen, gut sichtbar unter dem Körper, was Bewegungsfreiheit gewährleistet. Vorderläufe kräftig, flachknochig und gerade mit stark aufgerichteten Fesseln, gut befedert.

Rumpf. Mäßig lang, tiefer Brustkorb, gut gewölbte Rippen. Tief in den letzten Rippen, d. h. gut aufgerippt. Breite, leicht gewölbte Lenden. Vorbrust nicht zu breit.

Hinterhand. Hinterläufe von der Hüfte bis zum Sprunggelenk lang, breit und muskulös. Mittelfuß kurz und kräftig. Kniegelenke gut gewinkelt. Sprunggelenke gerade, weder nach innen noch nach außen gedreht. Das Becken sollte zur waagerechten Lage tendieren, d. h. nicht gänserumpfartig.

Pfoten. Oval, geschlossen mit gut gewölbten Zehen. Viel Haar zwischen den Zehen. Volle Zehenballen und tiefe Fersenpolster.

Rute. Ziemlich kurz, gerade oder leicht säbelförmig. Sie soll nicht unter die Sprunggelenke reichen. Waagerecht oder unterhalb der Rückenlinie getragen. Dick an der Wurzel, sich zu einer feinen Spitze verjüngend. Befederung der Rute nah der Wurzel beginnend, lang und gerade, sich zur Spitze hin gleichmäßig verkürzend.

Haarkleid. Am Kopf, an den Vorderseiten der Läufe und an den Behangspitzen kurz und fein. An allen anderen Stellen des Körpers und der Läufe von mittlerer Länge, flach und so frei wie möglich von Locken und Wellen.

Befederung am oberen Teil der Behänge lang und seidig, auf der Rückseite der Hinterläufe lang und fein. Beträchtlich viel Haar am Bauch, das einen schönen, fransenartigen Rand bildet, der sich zur Brust und zum Hals hin ausweitet. Die ganze Befederung so gerade und glatt wie möglich.

Farbe. Tiefes, glänzendes Kohlschwarz, ohne Spuren von Rostigkeit. Der Brand soll einer reifen Roßkastanie gleichen, die soeben aus der Schale gelöst wurde, er soll glänzend sein. Schwarze Strichelung auf den Zehen sowie ein schwarzer Strich unter dem Kiefer sind erlaubt. Zeichnung des Brandes („Tan-markings"): zwei klare Flecken über den Augen, nicht größer als 2 cm Durchmesser an den Seiten des Fangs – nicht über den Nasenrücken hinwegreichend –, beide Seiten jedoch durch einen rund um die Nasenwurzel laufenden Streifen verbunden; an der Kehle, an der Brust zwei deutlich abgegrenzte Flecken.

An den Innenseiten der Hinterläufe und Oberschenkel vorn bis hinunter zum Kniegelenk und sich vom Sprunggelenk bis zu den Zehen auch auf die Außenseiten verbreiternd, jedoch nicht das Schwarz auf der Rückseite der Hinterläufe völlig verdrängend. An den Innenseiten der Vorderläufe bis hinauf zu den Ellbogen und auf der Außenseite bis zu den Vorderfußwurzelgelenken oder etwas darüber. Rund um das Weidloch.

Ein kleiner weißer Brustfleck ist erlaubt, je kleiner, desto besser.

Größe und Gewicht. Schulterhöhe für Rüden 66 cm und ca. 29 kg Gewicht. Hündinnen 62 cm und ca. 25,4 kg Gewicht, jeweils Ausstellungskondition.

Fehler

Allgemeine Erscheinung. Bluthundtyp mit schwerem und großem Kopf, Behängen und plumpem Körper. Collie-Typ mit spitzem Fang und gebogener Rute.

Kopf spitz, nach unten oder oben gebogener Nasenrücken, zu kleiner oder zu großer Fang.

Augen zu hell, zu tief liegend oder zu sehr hervorstehend.

Behänge zu hoch angesetzt, ungewöhnlich breit und schwer.

Hals dick und kurz.

Schultern und Rücken irregulär geformt.

Vorbrust zu breit.

Läufe und Pfoten. Krumme Läufe, nach außen gedrehte Ellenbogen, gespreizte Zehen, durchgetretene Pfoten (Plattfüßigkeit).

Rute zu lang, schlecht getragen oder am Ende in Hakenform.

Das Haarkleid lockig wie Wolle, nicht glänzend. Als **Farbe** gelbes oder

Gordon Setter

strohfarbenes Tan, nicht klar abgegrenzter Brand, zuviel Weiß an der Brust, im Schwarz tanfarbene Haare.

Anmerkung. Die Rüden sollen zwei äußerlich normale Hoden haben, die voll und ganz im Hodensack liegen

Wer ist der Schönste im ganzen Land?

Welcher der Setter nun am „schönsten" ist, bleibt immer eine Sache des persönlichen Geschmacks. Die auffallende Eleganz des roten Setters, die wundervollen Bewegungen des weißbunten Setters oder das würdige und ernste Wesen des Gordon Setters werden immer wieder Bewunderer finden, und der Jäger wird nach seinen jagdlichen Bedürfnissen entscheiden.

Aber die ganze Schönheit der Setter wird erst in der Bewegung offenbar. Wer viel mit ihnen im Revier war und sie auf großen Schlägen unermüdlich ihre Schleifen ziehen sah, bei denen sie oft mitten im Sprung zur Bildsäule erstarren, der hat wohl für immer sein Herz an sie verloren. Die geschauten herrlichen Bilder, die feinen Manieren bleiben für alle Zeiten in der Erinnerung.

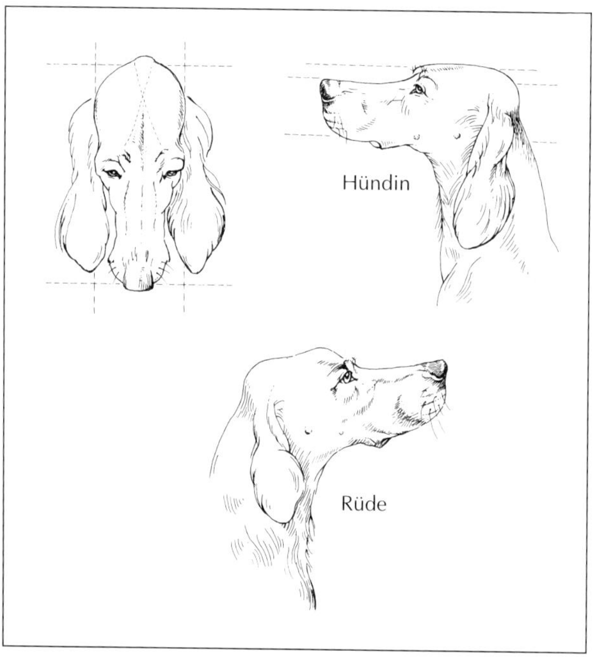

Gute Kopfproportionen beim Irish Setter

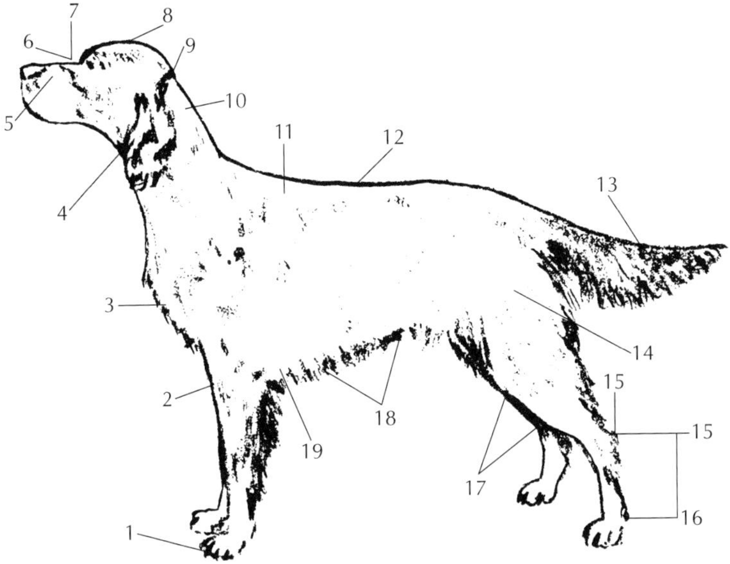

1 Pfoten oval, geschlossen, Zehen gut gewölbt
2 Vorderläufe kräftig, gerade
3 Brust nicht zu breit
4 Keine Kehlhaut
5 Fang gerade, fast parallele Linien
6 Auge dunkelbraun
7 Deutlicher Stop
8 Schädel leicht gewölbt
9 Behänge tief am Kopf gesetzt
10 Hals lang, schlank, leicht gewölbt
11 Breite Schulterblätter, gut zurückliegend, am Widerrist ziemlich geschlossen
12 Starker, ziemlich kurzer, gerader Rücken
13 Rute ziemlich kurz, waagerecht oder unter Rückenlinie getragen
14 Hinterläufe von Hüfte bis Sprunggelenk lang, breit, muskulös
15 Sprunggelenk
16 Von Sprunggelenk bis Ferse kurz und kräftig
17 Knie- und Sprunggelenke gut gewinkelt
18 Tiefe Brust weit aufgerippt
19 Ellbogen gut sichtbar unter dem Körper

Gebäude eines Setters (Haarkleid mittellang, so glatt wie möglich, nicht gelockt)

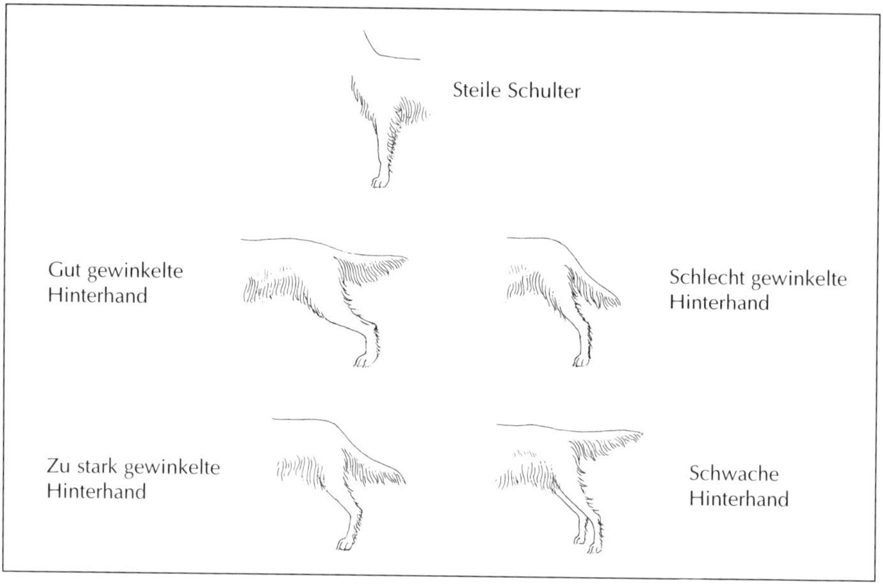

Schulter und Hinterhand, Fehler

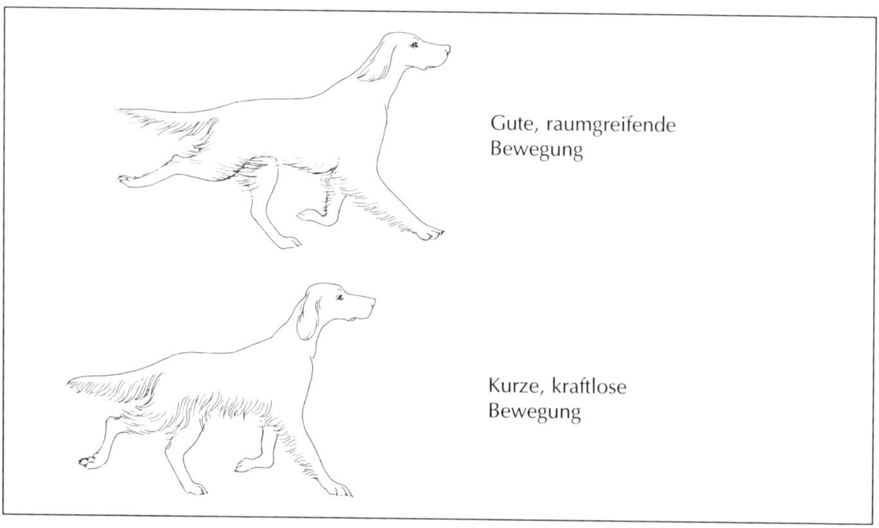

Bewegungsstudien

Der Pointer

Es ist allgemein bekannt, daß der Pointer seine Heimat nicht in Britannien, sondern in Spanien hat. Die Hunde kamen im Verlaufe des Spanischen Erbfolgekrieges (1701–1714) und in den darauffolgenden Jahrzehnten von der Iberischen Halbinsel nach Großbritannien. Über diese schon damals weißbunten Vorstehhunde sind keine zuverlässigen Unterlagen aus der Zeit des frühen Mittelalters vorhanden. Von mancher Seite wird vermutet, daß diese wertvolle Hunderasse den Westgoten zu verdanken sei. Sie hatten bekanntlich auf der Iberischen Halbinsel ein blühendes Reich errichtet, und als Herrenvolk werden sie wohl die Jagd ganz für sich in Anspruch genommen haben. Auf jeden Fall schätzten sie die Hunde außerordentlich hoch ein.

In Gesetzesüberlieferungen aus jener Zeit waren für das Töten eines solchen Hundes durch Dritte entsetz-

Pointer im Gelände. Ölgemälde von Thomas Blinks, Ende 19. Jahrhunderts

lich hohe Strafen festgesetzt (das Abhacken der Hände, ja sogar die Todesstrafe). Das besagt genug. Das Westgotenreich wurde zu Beginn des achten Jahrhunderts von den aus Nordafrika vordringenden Mauren (Arabern) besiegt. Deren Nachkommen waren und sind in ihren heutigen Verbreitungsgebieten begeisterte Anhänger der Beizjagd. So ist es naheliegend, daß sie die in dem neueroberten Land vorgefundenen Hunde für ihre Lieblingsjagd verwendeten und weiter pflegten. Als hochkultiviertes Volk haben die Mauren dem Lande ihren Stempel aufgedrückt. Nach ihrem Untergang überließen sie den Nachfolgern eine hochentwickelte Zucht edler Pferde mit viel Araberblut (Andalusier) und vermutlich auch die von ihnen weitergezüchteten gotischen Vorstehhunde.

Dann liegen Jahrhunderte des Dunkels über der Entwicklung der Hunde. Der Erzbischof Albertus Magnus mit seinen starken naturwissenschaftlichen Neigungen erwähnt sie dann mit Nachdruck. Seine Bemerkungen sind ebenso charakteristisch wie zutreffend! Die Jahrhunderte kamen und gingen, Reiche wurden gegründet und zerfielen. So kam der Spanische Erbfolgekrieg heran. Die zur Weltmacht aufstrebenden Engländer besetzten die Halbinsel, lernten die seit Jahrhunderten, vielleicht seit einem Jahrtausend mehr oder weniger rein gezüchteten Vorstehhunde kennen und schätzen.

Beim Verlassen der Halbinsel nahmen sie viele der vorzüglich bewährten Hunde mit nach England. Dort fanden die Pointer (nur ein verunstalteter spanischer Name) eine begeisterte Aufnahme und eifrige Pflege. Diese vielseitigen, überraschend feinnasigen Hunde waren aber den Engländern nicht schnell genug. Auch legten diese auf die Vielseitigkeit keinen Wert. Es war sicherlich mit anfänglichen Rückschlägen verbunden, als man Meutehunde einkreuzte, um deren stahlharte, mit Muskeln bepackten Läufe und ihre außergewöhnliche Ausdauer auch dem Pointer zu eigen zu machen. Spuren solcher rasse- und wesensfremden Einkreuzungen konnte man lange Zeit daran erkennen, daß man immer wieder „leibarmen“ Hunden begegnet, also Hunden mit einem hinter dem Brustkorb übernatürlich stark aufgezogenen Leib mit viel zu flachem Oberkopf ohne Stirnabsatz, mit spitzen Köpfen und gedrehten Behängen.

Der bedeutendste Pointer-Kenner Englands war zu seiner Zeit W. W. Arkwhigt, der das Standardwerk über die Rasse schrieb. Es wurde ins Französische übersetzt. Leider gab es nie eine deutsche Ausgabe. Die ersten Pointer kamen etwa zu Beginn der zweiten Hälfte des vorigen Jahrhunderts nach Deutschland. Fürsten und Standesherrn mit großen Niederwildjagden waren die ersten Freunde und Förderer der Rasse. Aber auch die wohlhabenden bürgerlichen Stände, soweit sie die Jagd ausübten, nahmen sich der Hunde an, führten sie mit Begeisterung, vorwiegend nach englischem Vorbild, d. h., man verwendete sie nicht zum Bringen des Wildes, ja, man bestrafte sie, wenn sie aus Naturtrieb das gefallene Wild aufnehmen und bringen wollten.

Standard

Charakteristisches. Symmetrisch und gut gebaut. Aufgeweckt und mit dem Eindruck eines kraftvollen, ausdauernden und schnellen Hundes.

Kopf und Schädel. Schädel von mittlerer Breite und in Proportion zur Länge des Kopfes. Gut abgegrenzter Stop und ausgeprägtes Hinterhauptbein. Nase und Augenränder dunkel, im Falle von zitronenfarbenen und weißen Hunden auch etwas heller, breiter Nasenschwamm, weich und feucht. Der Fang lang, leicht konkav, endet auf gleicher Ebene mit den Nasenlöchern, was dem Gesicht etwas rundliches Aussehen vermittelt. Backenknochen nicht hervortretend. Weiche Lefzen, gut entwickelt.

Augen. In gleicher Entfernung von Hinterhauptbein und Nasenspitze.

Nachziehender Pointer-Rüde

Eine leichte Vertiefung unter den Augen, die leuchtend und von freundlichem Ausdruck sein sollten, jedoch nicht dreist und starr, auch nicht auf die Nase gerichtet. Die Farbe der Augen entweder braun oder haselnußbraun, entsprechend der Farbe des Haarkleides.

Gebiß. Scherengebiß, weder Vor- noch Rückbeißer.

Hals. Lang, muskulös und leicht gebogen, keine Wamme.

Behang. Ziemlich hoch angesetzt und eng am Kopf anliegend; von mittlerer Länge und am unteren Ende zugespitzt.

Vorderhand. Lange Schultern, schräg und gut zurückliegend. Die Brust breit genug, um dem Herzen viel Platz zu bieten. Tiefer Brustkorb, mit den Ellenbogen der Vorderläufe abschließend. Die Vorderläufe selbst gerade und fest und von guter Knochensubstanz, die hinteren Sehnen stark und sichtbar. Das Vorderfußwurzelgelenk flach an der Vorderseite und an der Innenseite des Laufes etwas hervortretend. Fesseln von guter Länge, stark und elastisch.

Rumpf. Gut gewölbte Rippen, zur Lende hin langsam abflachend. Die Rückenlinie kurz, Lenden kräftig, muskulös und leicht gebogen. Hüftknochen weit angelegt und hervortretend, aber nicht über die Rückenlinie hinaus. Der Umriß von Kopf bis Rute soll eine Serie von anmutigen Kurven sein, die eine kräftige und geschmeidige Erscheinung erkennen lassen.

Hinterhand. Gut gewinkelte Kniegelenke, Sprunggelenke gut heruntergelassen und nahe am Boden. Gut ausgeprägte und muskulöse Hüften und Oberschenkel.

Pfoten. Oval, mit nahe zusammenstehenden, gewölbten Zehen, von unten gut gepolstert.

Gang. Geschmeidig mit raumgreifender Schrittweite, flüssiger Bewegungsablauf. Die Ellbogen der Vorderhand auch in der Bewegung weder nach innen noch nach außen gedreht.

Rute. Von mittlerer Länge, sich von der Wurzel bis zur Spitze hin allmählich verjüngend, gut mit dichtem Haar bedeckt. In Rückenhöhe getragen, ohne sich aufwärts zu kringeln, in der Bewegung von Seite zu Seite wedelnd.

Haarkleid. Fein, kurz, fest und gleichmäßig verteilt, vollkommen glatt und gerade mit einem ausgeprägten Glanz.

Farbe. Die häufigsten Farben sind zitronenfarben und weiß, orange und weiß, leberfarben und weiß und schwarz und weiß. Auch Einfarbige und Dreifarbige (tricolours) sind korrekt.

Größe. Erwünschte Schulterhöhe Rüden 63–69 cm, Hündinnen 61–66 cm.

Anmerkung. Rüden sollten zwei äußerlich normale Hoden haben, die voll und ganz im Hodensack liegen.

Die Weiterentwicklung

Zu Beginn unseres Jahrhunderts entwickelten sich auch die Ausstellungen. Auf ihnen spielten die Pointer eine wesentliche Rolle, ja, es gab Zeiten, wo der „Show-Pointer“ die Leistungszucht zu verdrängen drohte und damit fast die Rasse ruiniert hätte. Es ist ja leider nicht zu verschweigen, daß die reine Ausstellungszucht bei einzelnen Rassen viel Unheil angerichtet hat. Die Leistungsprüfungen für unsere Spezialsuchen wurden bis in den Anfang der 20er Jahre unseres Jahrhunderts nach englischem Vorbild durchgeführt, und man führt sie auch heute noch zu Recht nach diesem Stil durch. Es wird wohl im Jahr 1924 oder 1925 gewesen sein, als man bei München die erste Feldjagdsuche für Prüfungszwecke abhielt. Diese Herbstprüfungsordnung wurde zwar inzwischen wesentlich ausgebaut und verbessert, besteht aber in ihren Grundzügen bis zum heutigen Tag, hat sich bewährt und ist eine wesentliche Hilfe bei unserer Leistungszucht.

Körperbau des Hundes

Wer Pointer und Setter auf Formwert beurteilen will, muß vor allem mit dem Skelett dieser Tiere vertraut sein. Beim kurzhaarigen Pointer geht dies am besten, weil keine langen Haare die Konturen verdecken.

Nachfolgend wird an Hand von Skizzen der Körperbau der Hunde dargestellt, und jeder Leser kann am einfachen Schema Fehler und Ideal gut erkennen. Daher ist bei Zuchtschauen und Ausstellungen das Richterurteil leichter zu verstehen, und man kann sich schon vorher ein Bild über den eigenen Hund machen.

Pointer-Rüde aus italienischer Zucht

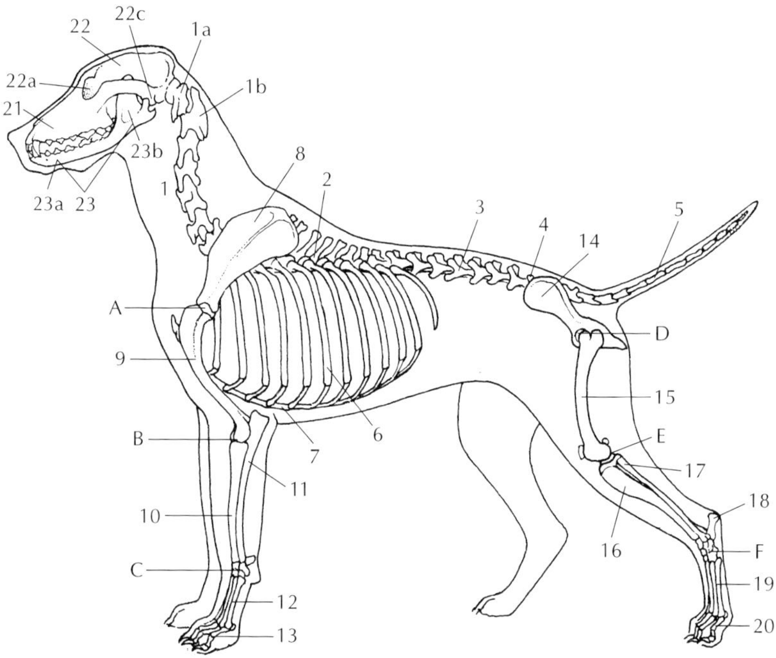

A Schultergelenk
B Ellenbogengelenk
C Vorderfußwurzelgelenk (Handwurzelgelenk)
D Hüftgelenk
E Kniegelenk
F Sprunggelenk, Hinterfußwurzelgelenk (Fußwurzelgelenk)

1 = Halswirbelsäule; 1a = 1. Halswirbel; 1b = 2. Halswirbel; 2 = Brustwirbelsäule; 3 = Lendenwirbelsäule; 4 = Kreuzbein; 5 = Schwanzwirbelkette; 6 = Rippen/Brustkorb; 7 = Brustbein; 8 = Schulterblatt; 9 = Oberarmbein; 10, 11 = Unterarmknochen; 10 = Speiche; 11 = Elle; 12, 13 = vordere Gliedmaßenspitze; 12 = vordere Mittelfußknochen (Mittelhand); 13 = vordere Zehenknochen (Finger); 14 = Hüftbein; 14 + 4 = knöchernes Becken; 15 = Oberschenkelbein; 16, 17 = Unterschenkelknochen; 16 = Schienbein; 17 = Wadenbein; 18 = Fersenhöcker des Sprunggelenkes; 19, 20 = hintere Gliedmaßenspitze; 19 = hintere Mittelfußknochen (Mittelfuß); 20 = hintere Zehenknochen (Zehen); 21 = Gesichtsschädel; 22 = Hirnschädel; 22a = knöcherne Augenhöhle; 22b = Schläfengrube; 22c = knöcherner Gehörgang; 23a = Unterkiefer mit Körper (23a) und Unterkieferast (23b).

Skelett eines Vorstehhundes

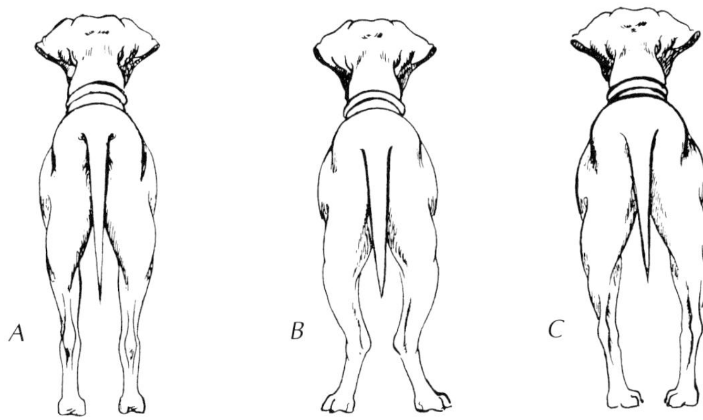

*A: Normale Hinterlaufstellung – B: Kuhhessig oder X-Beine (fehlerhaft) –
C: Faß- oder O-Beine (fehlerhaft)*

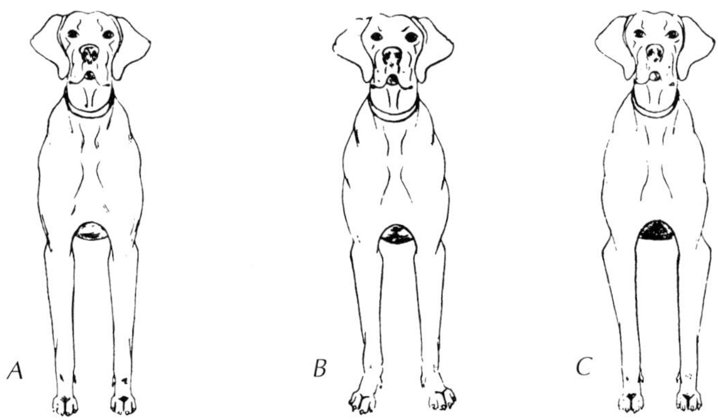

*A: Normale Vorderlaufstellung – B: Französische Stellung (fehlerhaft) –
C: Seitlich gedrehte Ellenbogen (fehlerhaft)*

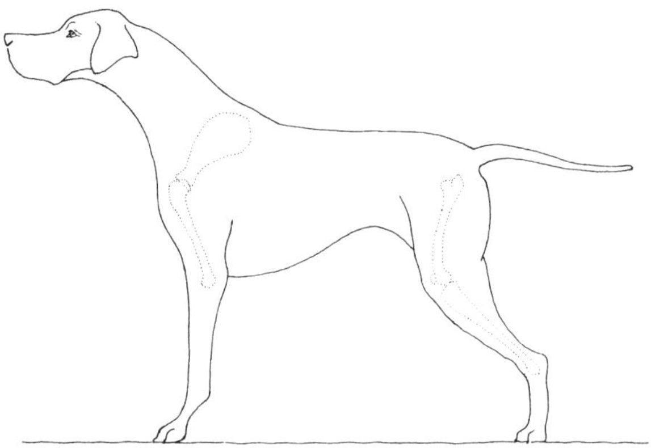

Pointer-Idealgestalt, die heute von meisten Vorstehhund-Rassevertretern angestrebt wird. Gut gewinkelte Hinter- und Vorderhand, guter Rücken, tiefe und aufgerippte Brust, langer geschwungener Hals, idealer Pointerkopf, edle, gut angesetzte, nicht zu lange, spitz verlaufende Rute in guter Haltung

Pointer-Idealgestalt

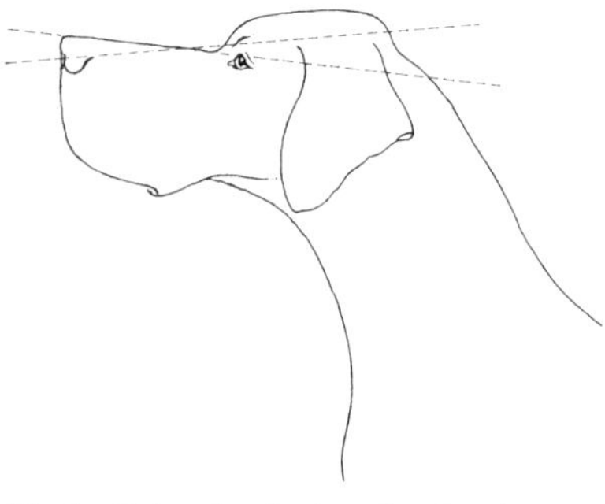

Idealer Pointerkopf mit aufstrebendem Hinterhaupt, hochangesetztem Behang, langer, gerade verlaufender Nasenrücken, tiefe Lefzen mit sichtbarem Mundwinkel, großer Trüffel, trockener Hals, keine Wamme

Idealer Pointerkopf, Seitenansicht

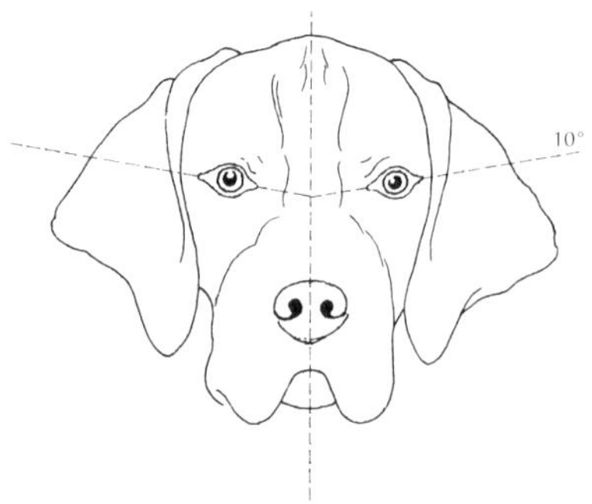

Idealer Pointerkopf, schrägstehende Augen (10 %), geräumiger Schädel, hoher Behangansatz, quadratisch wirkender Fang, umfangreicher Schwamm mit großen Nasenlöchern, auch von vorne tief herunterhängende Lefzen erkennbar

Idealer Pointerkopf von vorn

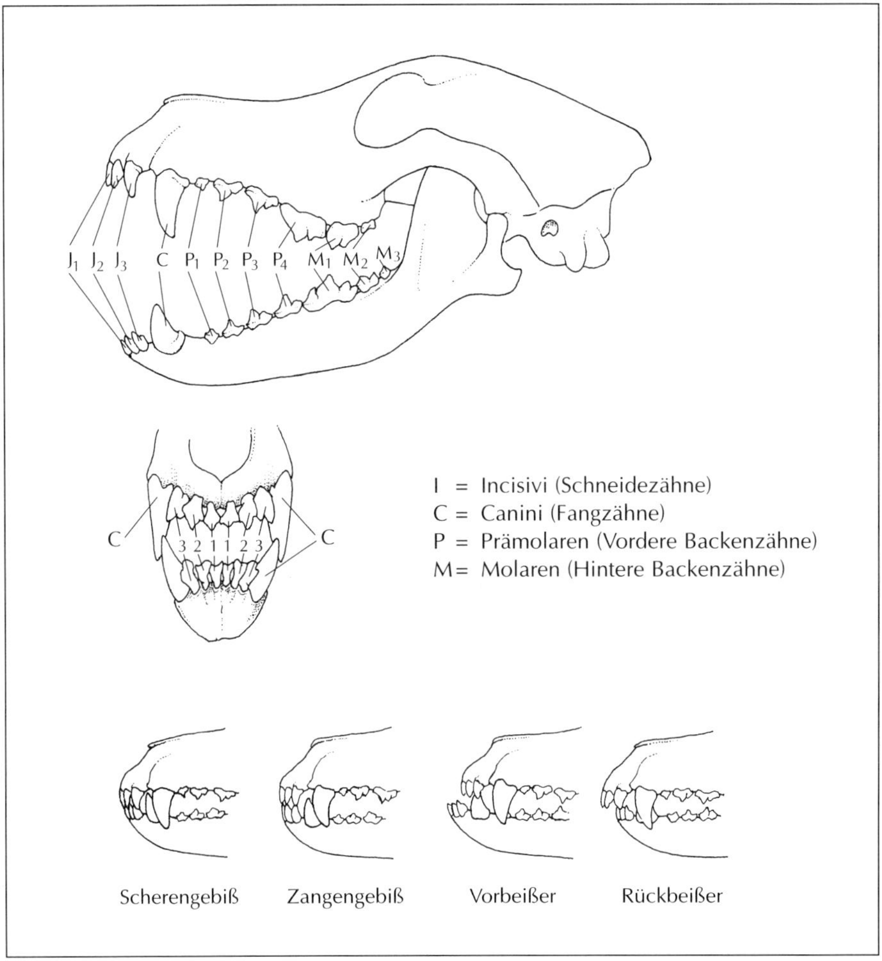

Gebiß des Vorstehhundes

Allgemeine Entwicklung der Rassen

Was über die körperliche Entwicklung der Einzeltiere zu sagen ist, das wird beim Kapitel „Aufzucht“ vorgetragen werden.

Hier möchte ich mich nur über die allgemeine Entwicklung und Verbreitung der Rasse aussprechen. Schon sehr früh wandten die Italiener unserer Rasse ihre Aufmerksamkeit zu. Sie verfügten von Anfang an bis auf den heutigen Tag über sehr gutes Material, und vor ihrer Leistungszucht muß man alle Achtung haben. Ihre Zuchtsuchen führten sie frühzeitig nach dem Vorbild des Mutterlandes durch und tun es auch heute noch. Sie stellen sehr hohe Anforderungen an Führer und Hunde und halten dadurch das hohe Niveau. Besonders der English Setter ist dort sehr beliebt. Was wir auf den Prüfungen zu sehen bekommen, sind reine Leistungszuchten. Wir profitieren auch etwas davon. Aus dem Zwinger „Bel Monte“ kam eine Hündin zu uns, und besonders aus dem Zwinger „v. Weghof“ kamen gute Jagdhunde. Der später verunglückte „Blitz v. d. Luisenruhe“ war wohl der beste und bekannteste Vertreter dieser Familie.

Auch unsere westlichen Nachbarn, Franzosen und Belgier, bemühten sich, ebenso Gutes zu leisten wie das Mutterland. Dieser Stand ist bis auf den heutigen Tag gehalten worden. Dagegen habe ich rein persönlich den Eindruck, daß die Holländer vor allem auf Schönheit züchten. Der für unsere Sache so überaus verdienstvolle Waldemar Marr unterhielt seinen Zwinger wohl mit Rücksicht auf die guten Führer in Belgien, und seine „Blakfield“-Pointer gehörten immer zur internationalen Klasse.

Eine sehr gute Aufnahme fanden unsere Hunde auch ehemals in der skandinavischen Ländern. Mancher gute Hund ist von dort zu uns gekommen. Ich erinnere nur an den einst so bekannten Gordon „Bravo“ des verstorbenen Grafen Wilh. zu Solms-Laubach. Leider verbietet es der Raum, in diesem Zusammenhang noch mehr Namen zu nennen.

Von Skandinavien ist es nur ein Katzensprung zu den Baltenländern. Bei den engen politischen und wirtschaftlichen Beziehungen zwischen den beiden Ufern der Ostsee waren unsere Rassen auch dort in guter Qualität bodenständig. Sie werden wohl zum größten Teil in den Kriegsjahren zu Verlust gegangen sein. Wie es mit dem Pointer heute in Rußland steht, wissen wohl nur wenige. Einstmals holten sich die reichen Russen immer

Markante Pointer-Köpfe auf einem Gemälde von Arthur Wardle, frühes 20. Jahrhundert

sehr gute Hunde aus England. Der schon weiter oben genannte Herr Marr, der früher seinen Wohnsitz in Rußland hatte, rettete auf seiner abenteuerlichen Flucht um die halbe Welt auch einige seiner guten Hunde. Der Zwingername „Blakfield“ deutet ja die fruchtbare Schwarzerde seines Jugendlandes an. Leider ging sein gesamtes Zwingermaterial im Zweiten Weltkrieg verloren. Aber verschiedene „Blakfield“-Hunde haben in den Jahren zwischen 1920 und 1940 unsere Zucht entscheidend befruchtet.

Es wären noch einige Worte über die Entwicklung der Pointer und Setter in Deutschland zu sagen. In den einleitenden Abschnitten habe ich die Verhältnisse bis gegen den Anfang unseres Jahrhunderts wiederholt gestreift. Das 20. Jahrhundert war unseren Bestrebungen zunächst gar nicht günstig. Kurz vor der Jahrhundertwende und bald danach gründete man die verschiedenen Klubs für Deutsch-Kurzhaar, und im Jahre 1912 gründete man den Verein Deutsch-Drahthaar, der eine stürmische Aufwärts-

Gordon Setter

entwicklung nahm. Der gut fundierte Griffonklub stand fest auf den Füßen. Den Pudelpointer hatte man geschaffen. Kurzum, der deutsche Jagdgebrauchshund kam immer mehr zum Durchbruch. Die leichtführigen Hunde nahm man gern und verzichtete auf die Spitzenklasse, verlor teilweise auch das Verständnis für die Feinheiten. Dazu kamen im Ersten Weltkrieg noch nationale Ressentiments, das Futter wurde knapp, viele Freunde, die einst den grünen Rock getragen, standen an der Front und kamen nicht wieder. Das Zuchtmaterial wurde immer weniger, die Inflation ruinierte Menschen und Hunde. So standen wir zu Beginn der 20er Jahre recht bescheiden da.

Aber ein Stamm der alten Garde war geblieben. Es sei hier derer gedacht, die heute nicht mehr unter den Lebenden weilen. In jenen Jahren des Neubeginns waren auch die Gordon Setter der Zahl nach stark zusammengeschmolzen. Aber was noch da war, genügte den höchsten Ansprüchen im vielseitigen Gebrauch. Durch

Irish Setter als Seemann

English-Setter-Rüde Happy Spring of Cherrywood

den Import seines „Bravo“ gab Graf Solms der Rasse einen neuen Auftrieb. Wie schon zu allen Zeiten bei uns hatten in jenen Jahren die Irish Setter noch die größte Verbreitung. Es waren jagdlich sehr gute Stämme da, aber auch weniger für die Jagd geeignete. Allmählich ging es aufwärts.

In allen vier Rassen oder Schlägen haben wir heute wieder sehr gutes Material. Prozentual haben die Pointer im Vergleich zur Zeit nach dem Ersten Weltkrieg am meisten gewonnen. Leistungsmäßig stehen sie sehr hoch. Alles ist also jetzt so fundiert, daß wir getrost in die Zukunft schauen können.

Zucht

Nerven - Nase - Gangwerk
Empfindlichkeit gegen Schuß

Das Züchten ist wohl die schwierigste und verantwortungsvollste Sache bei der Kynologie. Der Ruf und Name des Züchters muß so untadelig sein, daß seine Unterschrift schwerer wiegt als der Ruhm all der großen Ahnen, die im Stammbaum prangen. Es ist eine gewisse Gefahr dabei, wenn sich die reine Schönheitszucht einer Arbeitsrasse annimmt und sie forciert. Es wird dabei meist nur auf Äußerlichkeiten gezüchtet, aber der Hund ist dem Menschen vor allem durch seine Anlagen und seine Charaktereigenschaften wertvoll. Gerade die sind bei solchen Zuchten schon häufig äußerst nachteilig verändert worden.

Wenn man züchten will, muß einem ein Zuchtziel stets vor Augen schweben. Für unsere Rassen läßt sich dieses Ziel in drei Worten zusammenfassen: Nerven, Nase, Ausdauer. Von diesen drei Eigenschaften, Nerven, Nase, Gangwerk, ist eine so wichtig wie die andere, und in dieser Beziehung gibt es keine Kompromisse. In anderen Punkten kann man bei einem Arbeitsschlag eher einmal ein Auge zudrücken. Wenn z. B. bei einem Gordon Setter einmal der Brand nicht so leuchtend rot ist, dann stört das den praktischen Jäger nicht und den Leistungsrichter auch nicht. Der Züchter muß sich dann eben bemühen, bei seinem nächsten Wurf auch den Brand noch zu verbessern, unter Erhaltung der sonstigen und wesentlicheren Eigenschaften. Wie erreicht man dieses Zuchtziel, und wie fixiert man es, daß es zum unbedingt sicheren Erbe eines Stammes wird? Die Antwort darauf lautet: Nur durch beständigen Arbeitseinsatz und Leistungskontrolle.

Vor allem darf der Hund seinem eigentlichen Arbeitsgebiet nicht entfremdet werden. Das wird wohl jeder verstehen. Bei der ständigen praktischen Verwendung zeigen sich gewisse Schwächen und Mängel am allerersten. Jeder Führer muß so unbedingt ehrlich gegen sich selbst sein, daß er etwaige auftretende Schwächen sofort erkennt und versucht, sie züchterisch auszugleichen.

Die Empfindlichkeit gegen Schuß (naturlich rein akustisch) ist oft das erste Anzeichen für nachlassende Wesensfestigkeit. Da muß man nun wissen, daß diese Anlage zur Schußscheue angewölft oder durch falsche Behandlung erworben sein kann. Sie kann durchaus heilbar sein, wenn sie durch Fehler des Mensehen entstanden ist. Ich konnte eine Reihe von

Irish-Setter-Hündin mit etwa acht Wochen alten (abgabereifen) Welpen

Beispielen anführen, bei denen auch eine geringe Empfindlichkeit gegen den Schuß wieder völlig verschwunden ist. Bei angewölfter Schußscheue kommt eine züchterische Verwendung unter gar keinen Umständen in Frage.

Ein gewisser Prüfstein ist die Gewitterfurcht. Wenn sich Hunde schon in den hintersten Winkel verkriechen, ehe das Gewitter da ist und sich vor Entsetzen nicht mehr zu helfen wissen, wenn es losbricht, dann sind die Nerven nicht mehr kapitelfest. Aus eigener Erfahrung bei meinen Hunden weiß ich, daß solche Hunde zwar noch nicht schußscheu und jagdlich sehr gut brauchbar sind. Es sind aber keine Zuchthunde.

Vor Jahren habe ich Gelegenheit gehabt, einen importierten Setter in seinem Wesen gründlich zu studieren, weil ich ihn viele Wochen führte. Im Revier arbeitete dieser Rüde ganz ausgezeichnet. Sobald er aber in die Stadt kam, verlor er sichtlich an Schulterhöhe, schlich ängstlich hart an den Häuserreihen entlang; wo ein Vorhang im Winde aus dem Fenster flatterte, kroch er fast am Boden. Die moderne Zuchtwissenschaft nennt so etwas „Milieufurcht". Das wußte ich damals noch nicht. Aber es war mir klar, daß ein solcher Hund bei allen seinen sonstigen inneren und äußeren Vorzügen für die Zucht nicht in Frage kam. Gegen Schuß war er völlig unempfindlich und hatte auch keine Gewitterfurcht. Trotzdem handelte es sich um stark angeschlagene Nerven.

Um noch einmal auf die Gewitterfurcht zu kommen, muß ich erwähnen, daß ich vor Jahren mit einem Tierarzt von besonderen Graden sprach. Er meinte: „Gewitterfurcht finde ich nicht bedenklich. Gehen Sie in den afrikanischen Urwald oder in den australischen Busch. All diese primitiven Völker haben entsetzliche Gewitterfurcht und sind sonst nervlich sehr gesund." Ich fand diesen Vergleich unpassend. Eine auf religiösen Vorstellungen beruhende Furcht wie die Gewitterfurcht bei den Naturvölkern ist doch etwas anderes als die Furcht eines Hundes.

Um aber die Geschichte des oben erwähnten Setters abzuschließen, muß ich gestehen, daß ihn der Besitzer, sehr gegen meinen Rat, bei mehreren Hündinnen zur Verfügung stellte. Ausschlaggebend waren die besonders guten Jagdeigenschaften des Rüden. Der Erfolg blamierte mich eigentlich. Ich kannte alle die zehn oder zwölf Nachkommen. Keiner zeigte eine Spur von Nervenschwäche, fast alle hatten das gute Gebäude des Vaters. Jagdlich waren sie sehr gut. Der Besitzer ist tot, der Züchter ist tot, der Stamm kann als erloschen betrachtet werden.

Bis zur vierten und fünften Generation konnte ich mich informieren. Nichts hat sich gezeigt. Vielleicht liegt die Erklärung darin: Der betreffende

Pointer-Hündin mit ihrem Wurf

Hund stammte aus einem großen ausländischen Zwinger. Bis zu seiner Ankunft in Deutschland, im Alter von zweieinhalb Jahren, hatte er seinen Zwinger nie verlassen und hatte nie etwas von der Welt gesehen. Diese Haltung hat vielleicht seine Nerven ruiniert und die „Milieufurcht" entstehen lassen.

War es nun richtig gewesen, daß mit diesem Hund überhaupt ein Zuchtversuch gemacht wurde? Ich berichte dies auch nicht, um Züchter zu derartigen Experimenten zu ermuntern, sondern um zu zeigen, daß auch hinter den Kulissen allerlei vorgeht und daß sich jeder Hündinnenbesitzer den zu wählenden Rüden genau ansehen soll. Gute Nerven bleiben unser höchstes Zuchtziel!

An zweiter Stelle kommt die Nase. Jeder, der eine Flinte ins Feld trägt, gibt Urteile über die Nase seines Hundes ab, oft sehr unzutreffende Urteile. Es gibt Fälle, wo die Nase wirklich leicht zu beurteilen ist. Aber es gibt auch Fälle, wo das sehr schwierig ist. Laien und Anfänger verwechseln die Nasenleistung mit dem Vorstehen. Es hat schon immer Hunde gegeben, die schlecht oder gar nicht vorstanden, aber trotzdem eine sehr gute Nase hatten, und es hat schon immer Hunde gegeben, die so wundervoll und hinreißend vorstanden, und sie hatten trotzdem eine schlechte, kurze Nase.

Der Jägerzüchter wird nur mit Hunden züchten, die wiederholt öffentlich und im täglichen Gebrauch ihre gute Nase bewiesen haben. Wenn ich einen Hund Tag für Tag führe, so weiß ich über seine Nasengüte bestens Bescheid. Wenn er aber auf der Jugendsuche 20 Minuten läuft, dann gehören schon sehr viel Erfahrung und Verantwortungsgefühl dazu, um hier zu einem fundierten Urteil zu kommen.

Nur hohe Nasenzensuren auf mehreren Suchen unter verschiedenen Richtern schließen ein Fehlurteil aus. Eine mittlere Nase der Mutter läßt sich durch geschickte Zuchtwahl in ein oder zwei Generationen auch einmal verbessern, viel eher als schlechte Nerven.

Eine mäßige Nase kann einem erfahrenen Führer nicht lange verborgen bleiben. Vor allem ist Objektivität bei der Beurteilung des eigenen Hundes notwendig. Das fällt vielen sehr schwer.

Unser drittes Zuchtziel ist das „Gangwerk". Die Voraussetzung dazu ist ein fehlerfreies Gebäude. Der Zweck der Ausstellungen ist nicht die Befriedigung des Ehrgeizes einzelner Hundebesitzer. Hier soll vielmehr in aller Sachlichkeit das Gebäude eines Hundes beurteilt werden, und der Aussteller sollte einsehen, daß für eine richtige Bewertung ein sehr ernstes Studium, ohne Ansehen der Person des Ausstellers, erforderlich ist. Aber es gibt Aussteller, die viel besser wissen als der Richter, daß ihr Hund „der schönste" ist, daß der Richter also nichts versteht. Am besten ist, wenn der Richter bei seinem Amt laut denkt. Er soll also Vorzüge und Mängel eines jeden Tieres laut bekannt geben und die Interessenten sollen daraus lernen. Durch die Ausstellungen wollen wir bei unseren Hunden einen hohen Standard erzielen und somit die Voraussetzung für Ausdauer und Schnelligkeit schaffen.

Es gibt noch ein paar Punkte, die bei der Zucht besonders zu berücksichtigen sind. Da nenne ich vor allem das schöne, geschlossene dunkle Auge. Es gibt unseren Hunden erst den richtigen Gesichtsausdruck. Es ist zugleich die Bürgschaft für genügend eingelagertes Pigment.

Bei Pointer und English Setter ist es leicht, das dunkle Auge konstant zu züchten. Es stehen ja fast immer schwarzweiße Rüden oder Hündinnen zur Verfügung. Und wenn die schon kein dunkles Auge haben, dann sollen sie nicht zur Zucht verwendet werden. Vor Jahren schrieb mir ein Züchter, er wolle mit den Pointern des Herrn X züchten, die seien jagdlich überragend und würden besonders schwer apportieren. Ich solle den beiden Rüden „V" geben, wenn sie auch ein helles Auge haben. Ich antwortete, der Besitzer solle seine Hunde zeigen, und wenn das Auge hell sei, dann komme nur ein „Gut" in Frage.

Gedränge an Mutters Zitzen

Bei der Zucht von Irish und Gordon Settern muß man peinlich auf die Augenfarbe achten, weil sie andernfalls immer heller wird.

Auf noch eine Eigenschaft als Voraussetzung für die Zucht will ich hinweisen. Das ist die Führigkeit. Was das besagt, geht aus dem Wort hervor. Der Hund muß also in seinem Wesen derartig sein, daß der Durchschnittsjäger mit Hilfe eines guten Dressurbuches seinen Hund so hinbringt, daß er ohne Ärger praktisch mit ihm jagen kann. Der Hund darf also nicht versuchen, seinem Führer fortwährend „aus der Hand" zu gehen.

Die Führigkeit erkenne ich auch daran, daß ich einen ganzen Nachmittag mit einem Hund jagen kann, ohne daß schrille Pfeifensignale das Ohr beleidigen oder daß eine laute Stimme ertönen muß. Einmal ein kurzer Wink, wenn mich der Hund fragend anschaut, einmal ein leises aufmunterndes Wort, einmal ein verdientes Lob. Der Hund zeigt immer den Willen zur Zusammenarbeit mit seinem Herrn. Das ist Führigkeit! Die Arbeitsfreude muß ihm aus den Augen leuchten, wenn er nach seinem Herrn zurückschaut. Wer auf alle diese Dinge achtet, wird gute Hunde haben.

Noch ein abschließendes Wort über Zucht. In den ersten Jahren der jungen Kynologie war „Inzucht" zum viel gebrauchten Schlagwort geworden. Man fürchtete sie wie die Sünde.

All die Übel und Mängel, die sich zu Beginn der planmäßigen Zucht zeigten, schrieb man auf das Konto der Inzucht.

Diese Entartungserscheinungen mußten auftreten, weil man über die Erbanlagen der Vorfahren noch nichts wußte. Wenn ich zwei verwandte Tiere paare, die an den gleichen Fehlern leiden, so ist es klar, daß bei der Nachkommenschaft die gleichen Fehler wahrscheinlich noch potenziert auftreten. Haben die verwandten Eltern aber nach der positiven Seite besonders wertvolle Eigenschaften, dann darf ich auch erwarten, daß diese vielleicht noch verbessert an die Kinder weitergegeben werden. Weil nun aber auch manche Anlagen beim Einzeltier nicht sichtbar in Erscheinung treten, glaubt der naive Züchter, sie seien nicht vorhanden, und ist dann bitter enttäuscht, wenn solche schlummernden Eigenschaften plötzlich auftreten.

Was für die Anlage im Wesen des Hundes gilt, gilt auch für die körperlichen Anlagen, also für das Gebäude. Hier spielt auch die Hüftgelenksdysplasie (HD) eine wichtige Rolle. Diese erblich bedingte Anlage, eine Abflachung der Gelenkpfanne, begünstigt Arthrosen und Verrenkungen. Die Folge sind zunehmende Schwäche der Hinterhand, Hinken

English-Setter-Welpen, sieben Wochen alt

Blick in die Wurfkiste

und Lähmungen. Die Zuchtvereine fordern daher eine Röntgenuntersuchung mit Beurteilung durch einen Fachtierarzt.

Folgende Abstufungen sind derzeit üblich:

HD – normal HD – fast normal	uneingeschränkt zuchttauglich
HD – leicht	Zuchtpartner normal oder fast normal
HD – mittel HD – schwer	nicht zuchttauglich

Bei einer Verwandtschaftszucht hätte dieser Erbfehler, der dann gehäuft auftritt u. U. böse Folgen. So ist uns also die Inzucht ein unentbehrliches Hilfsmittel, um die guten Eigenschaften zu verbessern und zu festigen. Sie ist aber auch dadurch so wertvoll, daß durch sie die unerwünschten Anlagen schneller und schärfer ans Tageslicht kommen. Eine Leistungszucht ohne planmäßige Verwandtschaftszucht ist nicht denkbar. In manchen Fällen empfiehlt sich sogar reine Inzestzucht. Ein altes Zuchtrezept lautet: „Der Vater des Vaters soll der Großvater der Mutter sein!“ Man wollte damit den Grad einer bewährten Verwandtschaftszucht andeuten. Aber es muß nicht unbedingt so sein. Eine Verwandtschaftszucht kann auch nicht in alle Ewigkeit fortgesetzt werden. Gelegentlich greift man mal wieder zur Fremdzucht, wenn man unerwünschte Beobachtungen macht.

Einstmals sah ich eine Gordonhündin, die mir besonders gut gefiel. Es war der Gordon, wie wir ihn uns wünschen. Darum ließ ich mir vom Besitzer den Stammbaum zeigen. Da sah ich, daß die beiden Eltern verwandt waren. Der Vater war der Sohn eines bekannten ausländischen Rüden. Die Mutter war die Enkelin des gleichen Rüden. Und das Ergebnis war diese überaus schöne, edle und substanzvolle Hündin. Ein Modellfall rechter Inzucht. Damit war aber auch der Zuchtwert dieses großen Ahnen erwiesen.

Wie soll man es nun mit „Importen“ halten? Wer hier nicht teures Lehrgeld bezahlen will, muß die Zucht jenes Landes genau studiert haben, er muß die Landessprache und die Sportsprache beherrschen und muß gute Bekannte dort haben, die auch Fachleute sind.

Unsere Zuchtbasis ist nicht so breit, daß wir stolz auf jede neue Blutzufuhr aus Skandinavien oder aus England verzichten könnten. Wenn man Glück hat, und viel Glück gehört bei der ganzen Sache dazu, dann kauft man einen Welpen aus einer bewährten Verbindung, und wenn alles gut geht, dann kann man vielleicht einen wertvollen Hund der Zucht zur Verfügung stellen. Einen fertigen, hochwertigen Rüden kann man nicht ohne weiteres kaufen.

Leider wurde durch die Zucht auf Schönheit die natürliche Wildschärfe in vielen Linien stark vernachlässigt. Man kann heute Hunde sehen, die ein krankes Stück Wild zwar verfolgen, aber erst zupacken und apportieren, wenn dieses verendet ist. Hier muß in Zukunft stärker darauf geachtet und selektiert werden. Ein brauchbarer Jagdhund muß krankes Wild töten können. Dies hängt sicherlich mit der Wesensstärke eng zusammen, auf die, wie bereits erwähnt, verstärkt zu achten ist!

Es muß nicht unbedingt Raubwildschärfe sein, aber Wildschärfe ist auch bei den englischen Vorstehhunden als Jagdhundrasse unbedingt erforderlich!

Bei Pointern und Settern gibt es heute überall zwei Zuchtrichtungen: Leistungszucht einerseits und (nur) Formzucht, das heißt, daß sehr viele Liebhaber nur mehr auf Schönheit selektieren und züchten. Damit schleichen sich allmählich Wesensschwächen ein. Ein Hund, der durch Leistungsprüfungen ein gewisses Niveau nachweisen muß, sozusagen durch viele Feuer gegangen ist, wird immer der bessere Vererber sein und auch dem Liebhaber den nervenstarken Hund liefern!

Aufzucht

Hier kann ich mich wohl kürzer fassen. Der Züchter wird versuchen, je nach Welpenzahl nach 10 bis 14 Tagen beizufüttern. Erstes Futter sollten kleine Rinder-Hackfleischbällchen sein, die man dem Welpen in den Fang schiebt. Sehr schnell kommt er auf den Geschmack und wird von flachen Schalen das Hackfleisch aufnehmen. Nach einer Woche kann man Welpenfertigfutter dazumischen. Im Alter von etwa 17 bis 20 Tagen gibt man eine Mahlzeit Welpenspezialmilch (Trockenmilchprodukt in heißem Wasser angerührt). Ab diesem Alter können die Welpen auch allmählich das Aufnehmen von Flüssigkeit aus der Schüssel lernen. Je nachdem die Mutterhündin Milch spenden kann, füttert man anfänglich zwei- bis dreimal. Schon jetzt bleiben keine Futterreste in den Schüsselchen. Sobald die Mahlzeit beendet ist, verschwinden alle Geschirre aus dem Zwinger, werden gut ausgespült und in die Sonne gestellt.

Etwa in der sechsten Woche wird der Futterbedarf der Welpen größer, die Muttermilch wird weniger. Außerdem sind die Zähnchen ziemlich spitz, und die Hündin versucht, die Kleinen abzuwehren, weil das Gesäuge schmerzt. Jetzt empfiehlt es sich, die Rationen reichlicher zu machen, etwa fünf Mahlzeiten täglich, und man nimmt das Futter etwas abwechslungsreicher.

Beim ersten von mir gezüchteten Wurf fiel mir auf, daß die Hündin gleich nach ihrer Mahlzeit in den Zwinger eilte und sich zurechtlegte, damit die Kleinen saugen konnten. Nach ganz kurzer Zeit sprang sie auf und erbrach einen Teil ihres Futters. Im ersten Augenblick glaubte ich einschreiten zu müssen. Aber dann wurde mir klar, daß dies von der Hündin ausgezeichnet war. Sie hatte das Futter etwas vorverdaut, und die Welpen fraßen mit wahrer Wollust. Was nun die Fleischfütterung anbelangt, so kann diese auch mit der fünften oder sechsten Woche einsetzen. Es muß nur geschabt und später gut zerkleinert werden.

Fleisch bleibt nach wie vor ein wertvolles Futter. Etwa ein Drittel oder ein Viertel der Futtermenge besteht aus ihm. Sehr früh interessieren sich die Kleinen auch für Knochen. Gelenkköpfe von Kalbsknochen sind besonders beliebt, aber auch sonstige nicht splitternde Knochen können ruhig gereicht werden. Das gibt einen angenehmen Zeitvertreib und wirkt sich in der Entwicklung sehr ange-

Spiel und Bewegung sind für die Entwicklung unentbehrlich

nehm aus. Einzelheiten im Kapitel „Ernährung“.

Oberster Grundsatz soll bleiben, daß die Fütterung nicht in Luxusverwöhnung ausarten darf. Bei der Verabreichung von Trockenfutter (Hundekuchen u. ä.) darf man das frische Trinkwasser nicht vergessen, weil Hundekuchen Durst machen.

Beim erwachsenen Hund genügt es, wenn die Mahlzeit etwa dreiviertel Liter bis ein Liter beträgt. Je nach Arbeit und Größe wird oft empfohlen, daß man ältere Hunde täglich nur einmal füttern soll. Bequemer ist das jedenfalls, aber dem Hund bekommt es sicher besser, wenn er täglich zwei kleinere Mahlzeiten erhält, als wenn er auf einmal eine große Schüssel voll hinunterschlingt.

Kommt dann die spätere praktische Verwendung bei der Jagd, dann gibt man am besten eine Stunde vor dem Aufbruch eine kleine Mahlzeit. Am Abend nach der Rückkehr wird dann normal gefüttert.

Bei einer derartigen Haltung bleibt der Hund in einer guten Kondition. Er wird nicht „dürr wie ein Jagdhund“, er wird aber auch nicht fett und faul. Vor allem soll die Fütterung stets regelmäßig zur gleichen Stunde erfolgen. Das gehört zur Ordnung und bekommt gut.

Haltung und Pflege

Zunächst die allgemeine Körperpflege: Manche Hundehalter glauben, der Hund müsse recht oft gebadet werden. Ich bin der Ansicht, daß man den Hund im ersten Lebensjahr überhaupt nicht zu baden braucht. Eine gute, rauhe Bürste und ein Trimmkamm reichen vollständig aus. Sie sollen aber täglich angewandt werden, ganz gleichgültig, ob es ein langhaariger Setter oder ein fein behaarter Pointer ist. Wenn der Hund sieht, daß ich zu Kamm und Bürste greife, dann springt er im Garten fröhlich auf eine Steinbank und läßt mit Wohlbehagen die Prozedur über sich ergehen. Man wird sich wundern, was bei dem so fein behaarten Pointer sich an Schmutz und altem Haar herunterkämmen läßt. Ist der Hund dann älter, wird er ja öfter Gelegenheit haben zu schwimmen und sich das Fell gründlich naß zu machen.

Zur Pflege gehört auch, daß man sich regelmäßig überzeugt, ob der Hund wurmfrei ist und ob sich nicht unwillkommene Gäste in seinem Haar eingenistet haben. Dagegen haben wir heute sehr gute Mittel, die dazu in der Anwendung noch recht bequem sind. Wenn das alles beachtet wird, dann hat der Hund ein angenehmes Dasein, und der Besitzer empfindet Freude an seinem Tier, das frisch, gesund und arbeitsfreudig bleibt.

Hier wird der Leser noch ein Wort über die Unterbringung seines Hundes erwarten. Wer es vermeiden kann, hüte sich vor einer ausschließlichen Aufzucht im Zimmer. Genauso verkehrt ist es aber auch, den Hund dazu zu verurteilen, daß er sein ganzes Leben im Zwinger verbringen muß. Die richtige Lösung liegt auch hier in der Mitte. Im Zwinger, der Sonne und Schatten aufweisen muß, steht an windgeschützter Stelle eine geräumige Hütte, die absolut winddicht ist. Während des größeren Teiles des Jahres hat die Hütte ein reichliches Stroh- oder Heulager, das regelmäßig erneuert wird. In den warmen Sommermonaten kann eine Kokosmatte gute Dienste leisten. Wer einen Welpen erwerben will, wählt ihn aus einem frühen Frühjahrswurf. Hunde, die zwischen Mitte Februar und Mitte April gewölft sind, entwickeln sich in der Regel sehr gut, weil sie bis zum Winter viel Sonne genießen können. Zieht der künftige Hausgenosse also in sein neues Heim ein, dann gilt es, ihn gut und richtig einzugewöhnen. Nachdem er sich im Hof oder Garten etwas orientiert hat, gibt man ihm

Für die bewegungsfreudigen Setter sind Zäune kein Hindernis

seine erste Mahlzeit, am besten in seinem Zwinger. Nachdem die Schüssel geleert ist, läßt man ihn etwas laufen und beschäftigt sich mit ihm. Vermutlich wird er sich nach der Mahlzeit auch bald lösen. Danach geht es in den Zwinger zurück. Nach der Mahlzeit stellt sich ein gewisses Ruhebedürfnis bei ihm ein. Wenn man sich nun eine Weile zu ihm setzt, wird er sich auch bequem hinlegen wollen. Man verläßt den Zwinger, kehrt mal wieder zurück, und so bringt man es fertig, daß er sich nicht mehr fremd fühlt und sich ruhig in seinem Bereich verhält. Wohnt man in einer Gegend mit nicht gar zu starkem Straßenverkehr, dann gewöhnt man den kleinen Kerl daran, daß er uns mehrmals am Tage auf kleinen Gängen begleitet. Vielleicht muß man ihn zunächst eine Weile tragen, bis man auf einem stillen Wege ist. Dann darf er sich auslaufen, und wenn es dann heimwärts geht und er schon etwas ermüdet ist, dann gewöhnen wir ihn an die Leine. Damit haben wir schon etwas erreicht. Bald begreift er, daß es für ihn ein Vergnügen gibt, wenn wir nach der Leine greifen, er wird sich gerne anleinen lassen, weil er weiß, daß er später auch frei laufen darf, sobald wir aus dem Verkehr draußen sind. Mit zunehmendem Alter dehnen wir die Gänge weiter aus. Er soll schon etwas müde geworden sein, wenn er nach Hause kommt. Besonders glücklich sind die dran, die in erreichbarer Nähe ihr Revier haben und dort ihre Gänge machen können.

Es ist eine praktische Gewöhnung, daß der Hund vor jedem Ausgang gekämmt und gebürstet wird. Es wird sich auch empfehlen, daß man wöchentlich einmal den Gehörgang reinigt. Um eine Pinzette wickelt man etwas Watte, zieht das Ohr tütenförmig vom Kopf ab und fährt mit drehenden Bewegungen vorsichtig in den Gehörgang. Es wird immer etwas braunes Ohrenschmalz an der Watte hängenbleiben, und dem Hund tut das gut. Wir vermeiden damit von vornherein, daß sich Entzündungen im Gehörgang bilden. Sind sie einmal vernachlässigt, dann bereiten sie dem Hund große Qualen und erweisen sich als recht hartnäckig. Je schwerer die Behänge sind, desto lieber bilden sich diese Beschwerden heraus. Der Gordon Setter ist also in dieser Beziehung bedeutend mehr gefährdet als der Pointer, und man wird von Anfang an danach verfahren. Diese Entzündungen bezeichnet der Laie mit „Ohrwurm", aber das ist völlig irreführend. Wenn der Hund später im Dienst steht und Staub, Grassamen und Grannen dringen in das Ohr ein, dann ist die Pflege dringend notwendig. Sobald er den Kopf schüttelt und ihn einseitig trägt, ist die Sache nicht in Ordnung.

Als gutes Reinigungsmittel hat sich „Praecutan" erwiesen. Nach der Reinigung gibt man einen Tropfen Zinköl ins Ohr und knetet es gut. Auch das Allheilmittel der Jäger „Ballistol" tut gute Dienste.

Ferner gehört zu einer ordentlichen Aufzucht, daß der Hund frei von Ungeziefer gehalten wird. Mit den heutigen Insektizid-Präparaten ist das wahrhaftig kein Kunststück mehr.

Um nun das Kapitel „Pflege" abzuschließen, will ich nochmals empfehlen, darauf zu achten, daß der Hund wurmfrei bleibt. Vom Tierarzt erhält man die entsprechenden Präparate.

Erziehung

An Ordnung und Regelmäßigkeit haben wir unseren jungen Freund so ziemlich gewöhnt. Jetzt kommen, und zwar möglichst früh, die ersten Einwirkungen erzieherischer Art.

Als erste Untugend werden wir feststellen, daß sich der Hund zu sehr in die Leine legen will. Es sieht dann so aus, als wolle er seinen Herrn durch die Landschaft schleifen. Dagegen muß eingeschritten werden. Wir führen den Hund ja bekanntlich auf der linken Seite. In die rechte Hand haben wir eine leichte Gerte genommen. Sobald unser Freund nun vorprellen will und sich in den Riemen zu legen versucht, rucken wir an der Leine und versetzen ihm einen leichten Hieb über die Vorderläufe und ermahnen „Zurück!". Gegen eine derartige Einwirkung wird er bald seinen Widerstand aufgeben. Hat er gemerkt, wer der Stärkere ist, dann haben wir gewonnen.

Alle Einwirkungen unsererseits erfolgen natürlich in aller Ruhe und ohne jeden Anflug von Zorn oder Ärger. Das wirkt am besten. Sobald der Hund weiß, daß er mit dem Kopf nicht weit vor das Bein seines Herrn vorprellen darf, geht alles in Ordnung. So muß er künftig immer gehen.

Als eine Vorstufe zur Dressur, also als eine Erziehungsfrage, betrachte ich das Kommen des Hundes auf Pfiff. An einem stillen Feldweg haben wir unseren Freund von der Leine gelöst, und er tummelt sich in unserer Nähe. Plötzlich ein scharfer Pfiff! Der Kleine schaut überrascht auf. Wir wenden uns blitzschnell nach der entgegengesetzten Richtung und eilen von dem Hunde weg. Er wird uns rasch nachkommen. Nun folgt reichliches Lob, vielleicht ein kleiner Leckerbissen. Wir leinen den Hund an und führen ihn ein paar Minuten. Dann wiederholen wir dieses Experiment immer wieder, sparen nicht mit freundlichen Worten und einem Plätzchen. In kurzer Zeit haben wir erreicht, daß der Hund auf Pfiff rasch und schnell kommt. Dann folgen wieder ein paar Übungen in der Leinenführigkeit.

Nun soll er sich auf Kommando setzen. Er geht an unserer linken Seite an der Leine. Wir bleiben ruckartig stehen. Mit der Rechten greifen wir in die Halsung und drücken mit der linken leicht auf die Hinterhand. Dabei sagen wir gedehnt: „Sitz!" Gescheit, wie der Jüngling ist, gibt er dem Druck nach und ist in Sitzhaltung. Einen Augenblick halten wir ihn fest, rufen „Auf!", lösen ihm von der Leine und scherzen mit ihm. Sehr bald macht er alles ohne unsere Unterstützung. Jetzt haben wir einen ganze Menge erreicht.

Ausbildung

Unsere Hunde sind nun einmal vornehmlich für die Arbeit im Jagdbetrieb gezüchtet. Daher möchte ich nachstehend hierzu einige Ausführungen machen: Man soll nie den zweiten Schritt vor dem ersten tun. Das bedeutet in unserem Fall, daß man den Hund nicht an Wild bringen soll, bevor wir ihn richtig in der Hand haben. Es muß also nicht nur die Erziehung abgeschlossen sein, sondern es muß auch schon ein Teil der Dressur gut sitzen. Auf diese Weise ersparen wir uns und dem Hund viel Kummer.

Das Kernstück aller Dressur ist ein tadelloser Gehorsam. Das Herzstück des Gehorsams besteht darin, daß der Hund jederzeit auf Befehl „down"- oder haltmacht. Aber so weit sind wir noch nicht; wie kommen wir dazu?

Gordon Setter „abgelegt"

Wenn unser gut erzogener Kandidat neun oder zehn Monate alt geworden ist, dann beginnt für ihn der Ernst des Lebens. Bei besonderer Frühreife kann man auch schon früher anfangen, den Hund auf das Erwartete vorzubereiten.

Wir haben uns ja schon bei unseren ersten Gängen mit einer richtigen Hundepfeife ausgerüstet. Auf der einen Seite bringt man damit den hellen Pfiff, auf der anderen Seite den Trillerpfiff hervor. Damit man seine Hände stets frei hat und nicht in allen Taschen herumwühlen muß, trägt man bei seinen Reviergängen diese Pfeife an einer Schnur um den Hals. Die Pfeife muß bei allen Ausgängen mit dem Hund dabeisein.

Hier gleich eine Warnung. Wenn der Zögling auf den ersten Pfiff einmal nicht gleich kommen will, dann greifen viele zu der eindringlicheren Trillerpfeife. Das ist grundverkehrt! Sie soll nur gebraucht werden, wenn wir von dem Hund das „Down“ oder „Halt“ verlangen.

Haben wir einen Hund aus dem vorjährigen Frühjahrswurf, dann gehen wir an einem schönen Tag im Februar oder Anfang März mit ihm hinaus. Draußen, wenn wir ungestört sind, wiederholen wir zunächst unsere bekannten Erziehungsübungen. Wenn wir den Zögling nach einigen Übungen wieder an der Leine haben, dann erfolgt das Kommando „Sitz!“. Der Hund muß sich ruckartig setzen. Einen Augenblick muß er wie angewurzelt sitzen bleiben. Diese Übung wiederholen wir zwischen unseren Gängen fünf- bis sechsmal. Immer muß sie gleich „zackig“ ausgeführt werden. So werden wir in alle Zukunft jede Dressurstunde beginnen. Wir gönnen ihm nun eine kleine Erholungspause, loben ihn, lösen ihn vielleicht auch kurz von der Leine, um etwas spielerisch mit ihm zu scherzen, und dann geht es wieder weiter.

Jetzt üben wir ein paar Minuten „Leinenführigkeit“. Dabei lassen wir die Leine unmerklich aus der Hand gleiten und am Boden schleifen. Jetzt muß der Hund genauso korrekt gehen, als wenn wir ihn noch an der Leine hätten. Will er nicht, dann wieder an die Leine und mit der Dressurgerte nachhelfen. Das wird solange geübt, bis es sitzt. Auf das Kommando „Fuß!“ muß der Hund tadellos neben uns hergehen.

Die nächste Übung besteht darin, daß auch der frei bei Fuß gehende Hund sich ruckartig setzt. Dann entfernen wir uns rückwärtsgehend einen Schritt von ihm. Wiederholen dabei ganz gedehnt das Kommando „Sitz!“, drohen ihm mit dem Finger oder mit der Gerte, warten einen Augenblick, gehen zurück, rufen den Hund dann zu uns und leinen ihn wieder an. Allmählich entfernen wir uns weiter vom sitzenden Hund, kehren zunächst noch immer zu ihm zurück, leinen ihn an

Fasziniert von der Witterung: vorstehender English Setter

und gehen weiter, um nach einigen Minuten die Übung fortzusetzen. Diese Übungen erstrecken sich über die nächsten Wochen.

Sind wir soweit, daß wir uns 15 oder 20 Schritte von ihm entfernen können, ohne daß er folgen will, dann kehren wir nicht mehr zurück, sondern wir pfeifen kurz und entfernen uns rasch. In schnellster Gangart wird er uns folgen. Wir loben ihn und leinen an, um weiterzuarbeiten. Schließlich vergrößern wir die Entfernung auf 100 und 150 Schritte und pfeifen den Hund immer wieder zu uns. Das ist zugleich eine vorzügliche Gehorsamsübung. Es geht ihm für alle Zeiten in Fleisch und Blut über, daß er auf Pfiff schnellstens zu erscheinen hat.

Als nächste Übung kommt dann das Verharren am angewiesenen Platz, das Ablegen. Wir sind wieder am altvertrauten Dressurplatz, lassen den Hund sitzen und befehlen „Platz!“, wobei er sich ganz bequem hinlegen darf. Vorerst lassen wir die Leine an der Halsung, wiederholen ganz gedehnt: „Plaaaatz!“ und entfernen uns rückwärtsgehend. Nach ein paar Schritten kehren wir zum Hund zurück und gehen mit ihm weiter.

Der grundlegende Unterschied zu der vorigen Übung besteht darin, daß der auf seinem Platz abgelegte Hund nie herangepfiffen wird, sondern daß wir ihn immer wieder abholen. Will er nachkommen, dann rucken wir tadelnd an der Leine, wiederholen den Befehl energisch und bringen ihn wieder auf die alte Stelle. Im Prinzip verfahren wir wie bei der vorigen Übung. Macht er keinen Versuch mehr aufzustehen, dann nehmen wir die Leine mit, wenn wir weggehen. Zunächst darf uns der Hund sehen, wenn wir davongehen. Wir bleiben immer länger von ihm fort, verschwinden sogar auch hinter einer Hecke. Fünf, zehn, 15 Minuten muß der Hund auf seinem Platz bleiben, und schließlich muß er eine Stunde und länger verharren. Bei dem Versuch, nachzukommen, wird verfahren wie oben. Eventuell gibt es auch einmal einen Gertenstreich. Ein Hund, der sich so ablegen läßt, wird nie stören. Fortwährende Wiederholung all der Übungen kann nicht genug empfohlen werden.

Vor allen Dingen möchte ich hier vor jeder Schnelldressur warnen. Sie sitzt nie, einmal befolgt der Hund das Kommando und dann wieder nicht. Eines Tages ist das Fiasko da, und wir müssen von vorn anfangen, wenn der Hund nicht schon verdorben ist. Die größte Anforderung stellt die Dressur an den Abrichter selbst. Er muß immer die größte Ruhe bewahren. Wenn er auch manchmal aus der Haut fahren möchte, muß er eisern ruhig bleiben und darf nie im Zorn oder Affekt strafen.

Man beginne nie gleichzeitig mit zwei verschiedenen Übungen. Wenn ich meine Hunde einarbeitete, begann ich immer im zweiten Frühjahr, also je nach Witterung Ende Februar oder Anfang März. Dann hatte ich bei regelmäßiger Arbeit bis Ende August meinen Hund soweit, daß ich mit ihm beruhigt zur Hühnerjagd gehen konnte. Man braucht zu dieser Arbeit also etwa ein halbes Jahr. Der Berufsjäger kann es vielleicht etwas schneller fertigbringen. Es ist aber grundverkehrt, wenn man seinen Hund zwei oder drei Monate einem Abrichter gibt und dann glaubt, nun einen fertigen Hund zu haben. Wenn ich weiterhin mit Bedacht auf die weitere Ausbildung meines Hundes achte, dann ist er wahrscheinlich im Winter des zweiten Jahres wirklich fertig, so daß ich ihn überallhin mitnehmen kann, ohne daß ich mich blamiere oder mich ärgere. Wer sich von einem Berufsabrichter seinen Hund arbeiten läßt, der sollte aber zumindest eine Dressuranleitung nicht nur einmal durchlesen, sondern die Sache gründlich studieren, damit er später seinen Hund auch auf der Höhe seiner Leistungsfähigkeit halten kann.

Wenn nun all das vorher Beschriebene wirklich sitzt und der Hund mit Freude und zackig all das ausführt, was ich von ihm verlange, dann kommen wir zur entscheidenden Dressurübung. Ich meine das „Downmachen“. Es besteht darin, daß sich der Hund in meiner Nähe oder auf weitere Entfernung auf Zuruf oder Pfiff oder Armhocheben blitzartig auf den Boden wirft und liegenbleibt, bis er einen anderen Befehl erhält. Um dies zu erreichen, brauche ich etwa sechs bis acht Wochen. Gerade hier würde sich eine Oberflächlichkeit am allerersten rächen. Daher gehen wir ganz systematisch zu Werk.

Zu Beginn einer Dressurstunde geben wir das Kommando „Sitz!“. Wir behalten die Leine in der Hand, treten vor den Hund hin, ziehen die Vorderläufe nach vorn, drücken den Kopf nieder und sprechen beruhigend „Down!“ oder „Halt!“. Der Hund versucht aus dieser neuartigen Lage aufzustehen. Aber wir drücken ihn immer wieder zur Erde und sprechen ihm beruhigend zu. Der Kopf muß unbedingt auf den ausgestreckten Vorderläufen liegenbleiben. Hat sich der Hund in seine Lage gefunden, dann streicheln wir beruhigend seinen Rücken, verhindern aber das Aufstehen. Dann heißt es plötzlich „Auf!“, und es folgt eine kleine Erholungspause.

Diese Übung wird nun in jeder kommenden Dressurstunde mehrmals vorgenommen und muß immer geläufiger und williger ausgeführt werden. Die Bedeutung ihrer Wichtigkeit kann gar nicht genug betont werden. Wenn sie dann korrekt und schnell ohne unsere Mithilfe ausgeführt wird, haben wir wiederum einen entscheidenden Schritt vorwärts getan.

Verschiedene Leser werden sich wundern, daß ich die Dressurgerte nur selten und vorsichtig gebrauche. Solange der Hund freudig und willig arbeitet, verzichten wir gerne darauf und auf die „Korallen“. Beobachten wir aber, daß er sich zum „Downmachen“ Zeit nehmen will, dann wiederholen wir den Befehl energischer, und ein Gertenstreich über den Rükken gibt der Sache den nötigen Nachdruck.

Will es aber gar nicht klappen, ist der Hund störrisch, dann kommt das Stachelhalsband. Ein solches mit aushängbaren Gliedern aus Draht benütze ich nicht gern. Die Glieder hängen sich manchmal von selbst aus, und das Ding geht verloren. Eine Lederhalsung mit zwei Wirbeln ist viel besser. Die halbe Halsung, von Wirbel zu Wirbel, ist doppelt. In der Ruhestellung sind die Stacheln nicht sichtbar. Sie sitzen auf dem „Doppel“ und stecken in hohlen Messingknöpfen. Wird die Halsung dann benötigt, dann drehe ich das Doppel herum, und die Spitzen sitzen nun auf dem Hals des Hundes. Auch der widerspenstigste Hund gibt jetzt nach. Mit meinem Vorgehen brauche ich vielleicht sechs Wochen länger als ein anderer, aber dafür gibt es auch keine bösen Szenen, niemand regt sich auf, und der Hund bleibt arbeitsfreudig.

Gerte oder Korallen brauche ich bei der weiteren Einarbeitung nicht zu erwähnen. Sie kommen nur in den kritischen Augenblicken zur Anwendung. Aber immer wieder die Warnung, nicht im Zorn strafen. Jähzornige Menschen eignen sich nicht zur Einarbeitung und Erziehung eines Hundes. Sie haben an sich selbst genug zu erziehen.

Sitzen unsere Downübungen so, daß sie rasch und korrekt an der

„Totverbeller“: Pointer am erlegten Rehbock

Leine ausgeführt werden, dann muß die Übung im Laufschritt gemacht werden. Das festigt den Gehorsam und zwingt den Hund, noch plötzlicher zu reagieren.

Jetzt kommt das Down auf Entfernung. Wir nehmen die Leine lang und geben uns den Anschein, als wollten wir so ganz harmlos dahinbummeln. Plötzlich, wenn der Hund zwei oder drei Schritte von uns entfernt ist, geben wir das Kommando. Der Hund muß unbedingt regungslos liegen. Die gewöhnliche Dressurleine wird dann durch die lange Feldleine ersetzt. Wir machen die Übung auf fünf, auf zehn und schließlich auf 20 Schritte.

Sitzt auch das einwandfrei, dann geht der Hund frei bei Fuß, und wieder ertönt das Kommando. Der Hund muß jetzt genau so reagieren wie an der Leine. Tut er das nicht, dann ist die vorhergehende Übung nicht gründlich genug vorgenommen worden. Wir gehen also wieder einen Schritt zurück. Bei dem Downmachen auf Entfernung verfahren wir genau wie bei dem Downmachen an der langen Leine. Damit der Hund das Gefühl hat, auch auf Entfernung in der Hand seines Herrn zu sein, lassen wir ihn anfänglich mit der schleppenden Leine gehen. Die Entfernung wird immer mehr vergrößert. Pariert der Hund bis auf 100 Schritte einwandfrei, dann können wir auf die schleppende Leine verzichten. Aber es gibt auch künftig keine Dressurstunde und keine Gelegenheit im Alltag, bei der nicht immer wieder das Down geübt wird. Weiter fortschreitend muß jetzt das Down auf Trillerpfiff geübt werden. Wir gehen mit dem angeleinten Hund, geben den Befehl zum Downmachen und pfeifen gleichzeitig mit der Trillerpfeife. Wenn wir diese Übung vier- bis fünfmal an diesem Tage wiederholt haben, dann hat der Hund die Sache schon begriffen. Wir üben weiter, vergrößern die Entfernung immer mehr, bis der Hund auf 150 und 200 m downmacht.

In der Hand eines erfahrenen Abrichters ist natürlich das Tele-Takt-Gerät ein hervorragendes Hilfsmittel. Dies ist ein Akku-Halsband, mit dem der Hund per Funk bestraft werden kann, wenn er dem Kommando „Down!“ nicht sofort nachkommt (Reichweite ca. 300 m).

Als letzte in dieser Übungsreihe kommt nun das Down auf Hochheben des Armes. Der Hund läuft frei in unserer Nähe. Plötzlich ertönt die Trillerpfeife, gleichzeitig recken wir den Arm senkrecht in die Höhe. Es klappt natürlich tadellos, weil wir den Befehl ja auch auf eine bereits bekannte Weise erteilt haben. Es empfiehlt sich nun, den Befehl auf diese Weise zu geben, wenn der Hund uns im Auge hat. Am gleichen Tage kommen wir wohl soweit, daß wir den Trillerpfiff weglassen können und nur den Arm zu heben brauchen. Dadurch sind wir nun in der günstigen Lage, dem Hund völlig unhörbar einen Befehl zu erteilen. Gerade in der Praxis wird sich das sehr angenehm auswirken, sei es nun, daß wir Wild anpirschen oder Menschen beobachten wollen, die uns nicht bemerken sollen.

Damit ich richtig verstanden werde, will ich jetzt einen Gang schildern, den ich mit meinem Hund mache, wenn er soweit gediehen ist: An der Leine geht es hinaus ins Freie. Dort wird er von der Leine geschnallt, darf in meiner Nähe etwas herumtollen, sich lösen usw. Dann wieder an die Leine! Exaktes Gehen bei Fuß, immer wieder mal stehenbleiben und ruckartiges Setzen. Dann kommt das gleiche, nur ist der Hund nicht angeleint. Wieder Gehen frei bei Fuß. Kommando „Setzen!“, kurze Ermahnung, Weitergehen des Führers, Hund bleibt sitzen. Nach 100 Schritten kurzer Pfiff und Hund kommt in schnellster Gangart freudig an, setzt sich und wird gelobt. Das wird wiederholt. Dann Gehen frei bei Fuß und mehrmals „Down!“, danach „Ablegen!“, längere Weile warten und Hund wieder abholen. Pause zum Verschnaufen.

Jetzt folgen Downübungen auf Pfiff, auf Zuruf und auf Handhochheben. So haben wir uns und den Hund eine Stunde ausgelüftet und alle

Wasserübung
mit Apportiersack

seine Kenntnisse gefestigt und vertieft. Wenn es die Zeit noch erlaubt, gehen wir einen Schritt weiter und üben das Bringen oder das Apportieren.

Wir benützen einen kleinen Apportierbock, wie man ihn zum Beispiel für Spaniels benützt. Das Griffstück ist mit einem kleinen Tuch oder einem Stück Hasenbalg umwickelt. Der Hund sitzt an unserer linken Seite. Wir befehlen „Apport!“, drücken die Lefzen des Hundes auf die Zähne, so daß er den Fang öffnen muß. Im gleichen Augenblick schieben wir das Griffstück des Bockes in den Fang und ermahnen den Hund, es ruhig zu halten. Tut er das nicht, dann drükken wir ihm den Fang unter Ermahnungen zu. Nach ein oder zwei Tagen läßt er sich den leichten Bock in den Fang schieben und gibt ihn auch auf Befehl wieder ab.

Wenn man auch heute noch hin und wieder dem Vorurteil begegnet, daß unsere Rassen nicht apportieren, kann man dies nur mit Unkenntnis oder Böswilligkeit erklären. Ich habe viele Setter und Pointer abgerichtet, und keiner hat versagt oder große Schwierigkeiten gemacht. Ich habe auch viele Deutsch-Kurzhaar dressiert. Bei ihnen ging es auf keinen Fall schneller oder leichter.

Viele Hunde werden aus Spieltrieb apportieren, sogar den Hasen bringen. Damit darf man sich auf keinen Fall zufriedengeben. Wenn es später in der Praxis klappen soll, so muß das Bringen so geübt werden, wie bei einem Kind das Einmaleins geübt werden muß, wenn es später ein flotter Rechner werden soll.

Laien werfen den Apportiergegenstand gerne weg, damit der Hund recht eifrig hinrennen und bringen soll. Das ist grundverkehrt. Bei den Bringübungen muß der Hund wissen, daß das zum Ernst des Lebens gehört und daß es da keine Spielerei und keine Halbheiten gibt. Ich komme später nochmals darauf zurück.

Nach zwei bis fünf Tagen sind wir also soweit, daß sich der Hund den Bock willig in den Fang schieben läßt, wenn das Öffnen auch noch nicht so freudig geschehen sollte. Wir versuchen darauf, daß der Hund mit dem Bock im Fang ein paar Schritte mit uns geht, ohne den Gegenstand fallen zu lassen. Manche Hunde werden diese ersten Schritte nur unsicher und zögernd machen. Das schadet nichts.

Nun versuchen wir, daß der Hund freiwillig den Fang öffnet. Um ihm dabei zu helfen, kneifen wir ihn etwas in den Behang, oder wir treten ihm etwas auf die Zehen, und bald werden wir erreichen, daß er selbständig nach dem Bock schnappt, ihn im Fang behält und an der Leine mit uns geht.

Nach ein paar Schritten heißt es „Sitz!", er setzt sich automatisch, wir warten noch einen Augenblick, dann heißt es „Aus!", und er gibt wieder ab. Jetzt haben wir schon wieder einen großen Schritt vorwärts getan.

Gordon Setter mit Wildwitterung

Die nächste Klippe stellt sich dann ein, wenn der Bock selbständig vom Boden aufgenommen werden soll. Um das zu erreichen, halten wir dem sitzenden Hund den Bock immer etwas näher an den Boden. Durch Ruck an den Korallen, durch Kneifen des Behangs, bringen wir ihn dazu, nach dem Bock zu greifen. Schließlich sind wir ganz am Boden, nur zum Schein ist unsere Hand am Bock.

Je ruhiger und konsequenter wir üben, um so leichter gelangen wir zum Ziel. Schließlich legen wir den Bock auf den Boden, gehen mit dem Hund etwas zurück, kehren um und gehen in etwas rascherer Gangart wieder auf den Bock zu. Kurz bevor wir ihn erreichen, kommt das Kommando „Apport!“, dazu ein leichter Ruck, und sehr wahrscheinlich wird der Hund sofort aufnehmen. Wir lassen ihn dann den Bock noch ein Stückchen tragen. Dann heißt es „Sitz!“, noch eine kleine Pause und dann „Aus!“. Dadurch erreichen wir, daß der Hund auch später das Wild nicht fallen läßt, sondern wartet, bis er es dem Führer abgeben kann.

Diese Bringübungen werden nun täglich immer noch an der Leine ausgeführt. Klappt es zu unserer Zufriedenheit, dann legen wir den Bock einige (drei bis vier) Meter vor uns, geben dem angeleinten Hund den Befehl zum Bringen und werden bald erreichen, daß er hingeht, aufnimmt, zurückkommt, sich setzt und wartet, bis er ausgeben darf. Von Tag zu Tag vergrößern wir die Entfernung zwischen Hund und Bock, benutzen dabei die lange Leine und sehen, wie die Sache immer flotter geht.

Irish Setter einen Fuchs apportierend

Jetzt lassen wir den Hund frei bei Fuß gehen, kommen am Bock vorbei und lassen aufnehmen. Und nun sind wir bald auf der letzten Stufe angelangt. Wir lassen den Hund Platz machen, gehen ein paar Schritte vor, legen den Bock hin, kommen zum Hund zurück, warten einen Augenblick und geben dann den Befehl zum

Die Beute ist ein Fasan

Bringen. Das wird geübt wie bei dem angeleinten Hund, und schließlich erreichen wir, daß wir vor dem abgelegten Hund den Bock 100 m hinauslegen, zurückgehen und zum Bringen auffordern.

Wenn wir immer richtig vorgegangen sind, wird der Hund mit viel Freude und Eifer diese Übungen machen. Vielleicht sind wir schon vorher zu dem großeren „Oberländerbock" übergegangen, dessen Griffstück natürlich mit einem Stück Hasenbalg umwickelt ist. Den Bock beschweren wir zunächst mit den dazu gelieferten Holzscheiben.

Hier ein Wort über das Schwerapportieren. Er soll später einen Hasen flott bringen, also 3,5 bis 4 Kilogramm tragen. Nun trägt sich der frisch geschossene Hase schwerer als der Bock. Darum soll der Hund auch zur Kräftigung seiner Halsmuskeln lernen, fünf bis sechs Kilo flott mit hoch gehaltenem Kopf zu bringen. Je tiefer der Gegenstand getragen wird, desto schwerer tut sich der Hund. Darum sollte man von Anfang an darauf achten, daß der Hund mit stolz erhobenem Kopfe bringt.

Nun wird mir wohl eingeworfen, daß ja auch der Fuchs gebracht werden soll. Der kann sogar sieben bis acht Kilogramm wiegen. Wenn der Hund sorgfältig durchdressiert ist und nicht von vornherein einen unüberwindlichen Ekel vor der Fuchswittrung hat, dann nimmt er im Eifer des Gefechts auch den frisch geschossenen Fuchs auf. Klappt es nicht recht, dann streifen wir den Fuchs, trocknen den Balg und beschweren ihn mit einem Sandsack immer mehr und üben bis zu sieben bis acht Kilogramm. Bei diesen Übungen soll der Hund, auch wenn er noch so bringfreudig ist, doch 18 bis 20 Monate alt sein. Einem zu jungen Hund mute ich es deshalb nicht zu, weil Veränderungen der Zahnstellung eintreten können.

Aber wir sind ja noch dabei, daß wir mit dem Bock oder mit einem Hasenbalg das Bringen von fünf bis sechs Kilo üben.

Dann kommt das Bringen zunächst von kaltem Wild. Dabei verfahren wir genau wie bei den ersten Übungen mit dem Bock. Als Gegenstand benützen wir eine Haustaube. Wenn wir damit so verfahren wie eingangs geschildert, dann holt der Hund sehr bald die Taube auf Entfernung und bringt auch später anstandslos den Fasan und das Rebhuhn.

Zum Bringen des Haarwildes benützen wir ein am Vortage geschossenes Karnickel. Die Methode ist wie oben. Später ersetzen wir das Karnickel durch einen etwa fünfpfündigen und noch etwas später durch einen sieben- bis achtpfündigen Stallhasen. Klappt es, dann können wir dem näher rückenden Aufgang der Jagd beruhigt entgegensehen. Aber oberster Grundsatz bleibt immer, stetig wiederholen, stetig üben und mit Überlegung und Abwechslung üben. Dadurch wachsen Führer und Hund immer mehr zusammen.

Wenn wir unser erstes Feld glücklich hinter uns gebracht haben, dann ist kein Grund da, sich auf die faule Haut zu legen. Wir arbeiten den Hund wieder von neuem durch, denn Gehorsam und Schliff haben im Laufe des Winters doch gelitten. Ich habe oft am eigenen Leib empfunden, wie wohl es beiden Beteiligten tut, draußen wieder recht exakt auszuführen, was man gelernt hat. Nur so erhält man sich auf die Dauer einen gehorsamen Hund.

Verwendung im Jagdbetrieb

Während wir noch an den Dressurübungen waren, mußten wir doch auch schon an die spätere Führung im Feldrevier denken. Davon soll jetzt die Rede sein. Aus dem bisher Ausgeführten ergibt sich von selbst, daß unsere Rassen vor allem bei der Feldjagd ihre Verwendung finden und daß diese ihre eigentliche Domäne ist.

Läßt man den Hund mit zunehmend weiter Suche einfach im Felde laufen, dann verbauen wir uns unsere spätere Arbeit in hohem Grade. Braucht der Hund Bewegung, dann kann man ihm auf ruhigen Feldwegen hinter dem Rad oder auf wildleeren Sportplätzen usw. das notwendige Maß von Bewegung geben. Solange der Gehorsam nicht so sitzt, daß der Hund auf Pfiff sofort bei uns ist oder auf Trillerpfiff downmacht, hat er im mit Wild besetzten Gelände an der Leine geführt zu werden. Auch empfiehlt es sich nicht, auf der völlig kahlen Feldflur zu arbeiten, da er sich sonst leicht angewöhnt, nur nach den aufstehenden Hasen zu äugen, und womöglich versucht, diese zu hetzen. Ein derartiger „Gukker" macht später viel Arbeit. Auch rate ich im Gegensatz zu vielen anderen, den Setter oder Pointer möglichst hasenrein zu erziehen.

Wenn also im Frühjahr der Klee und die Saat etwa handhoch sind, dann kommt die Arbeit an Paarhühnern. Wir führen den Hund zunächst an der Leine. Sobald ein Hase aufsteht, gibt es einen energischen Ruck an der Halsung und gleichzeitig heißt es „Down!". Der Hund muß in der Lage verharren, bis der Hase entschwunden ist. Dann führen wir unseren Zögling 100 oder 200 Meter außer Wind von der Hasenspur weg, so daß der Hund auch nicht in Versuchung kommt, dieser zu folgen.

Kommen wir an Hühner, wir gehen natürlich mit gutem Wind, dann merken wir dem Verhalten des Hundes schon an, wenn Wild in der Nähe ist. Es ist leicht möglich, daß er sofort vorsteht.

Wir bleiben mit ihm stehen, ermahnen ihn zur Ruhe und loben ihn. Dann heißt es wieder „Down!", wir legen die Leine auf den Rücken des Hundes, umgehen die Hühner und schreiten so auf sie zu, daß uns der Hund ins Gesicht schaut. All das machen wir ohne Hast und Aufregung.

Sobald wir die Hühner hochgemacht haben, ermahnen wir den Hund gleichzeitig zur Ruhe, lassen ihn noch einen Augenblick in der Downlage, nehmen dann die Leine und gehen mit unserem Zögling weiter. Bei jedem aufstehenden Hasen muß downgemacht werden. Bald wird es soweit sein, daß er absolut ruhig beim Anblick eines Hasen bleibt und in die Downlage geht. Auch später bei der praktischen Jagd soll er aufstehendes Wild mit „down" quittieren. Klappt es am ersten Tag mit dem Vorstehen nicht, dann brauchen wir nicht zu fürchten, wir hätten einen schlecht veranlagten oder nicht feinnasigen Hund. Das Vorstehen hängt nicht mit der Nasenfeinheit zusammen.

Wir gehen halt regelmäßig ins Revier, wir wissen ja in der Regel, wo die Hühner liegen, und bringen den Hund immer wieder an sie heran. Mit aller Wahrscheinlichkeit steht er am zweiten oder dritten Tag vor. Auch das „down" an frischer Hühnerwitterung und einige Minuten so verweilen unterstützt das Vorstehen und Durchstehen des Hundes. Haben wir ihn soweit, dann kommt die Hasenreinheit. Wir machen zuerst ein paar Gehorsamsübungen, lassen den Hund mit der schleppenden Leine auf 30 oder 40 Schritte vor uns hersuchen, und sobald er vorsteht, beobachten wir ihn, ob es Huhn oder Hase ist. Das sieht man dem Hund an der Art

Pointer und Setter. Ölgemälde von Richard Ansdell, 1862

des Vorstehens sehr bald an. Sobald der Hase herausrutscht, schrillt die Trillerpfeife, und unser Freund muß zusammenklappen wie ein Taschenmesser. Er bleibt so lange liegen, bis der Hase entschwunden ist. Wir gehen dann so weiter, daß er nicht auf die Hasenspur kommt und lassen ihn an der schleppenden Leine suchen. Die Entfernung zwischen uns und ihm muß vorerst bei der 40-Meter-Grenze liegen.

Hat man das Gefühl, daß man nun seinen Hund fest in der Hand hat, dann wird die Arbeit etwas freier. Wer ganz ängstlich und unerfahren ist, besorgt sich in einem Geschäft für Jagdartikel das Hetzgeschirr (auch Fangriemen genannt). Das Geschirr ist völlig gefahrlos für unseren vierläufigen Jagdbegleiter und erlaubt ihm eine mäßige Suche. Sobald er zum Hetzen ansetzt, verfangen sich seine Hinterläufe im Geschirr, und er überschlägt sich. Zur Strafe lassen wir ihn ein paar Meter kriechen und sagen immer wieder „Pfui Has!“. Schon beim zweiten oder dritten aufstehenden Hasen wird er nicht versuchen zu hetzen, auch wenn er 100 Meter draußen ist. Kommt später doch eine Hetze vor, dann sind die Kriechübungen die wirksamste Strafe. Auch hier bringt das Tele-Takt wertvolle Hilfe, aber immer muß vor der Strafe der Trillerpfiff erfolgen, damit der Hund begreift, daß er wegen Ungehorsam bestraft wurde.

Wir haben nun den Hund soweit, daß er in der Hand ist, vorsteht und hasenrein ist. Jetzt kommt erst die eigentliche Führung im Felde. Waren wir mit der Dressur so vorgeschritten, daß man noch die Paarhühnerzeit wahrnehmen kann, dann um so besser. Hat es nicht mehr ganz gereicht, dann warten wir, bis die Getreideernte vorbei ist und führen dann den Hund fleißig.

Wir gehen dabei grundsätzlich gegen den Wind, mitten durch die Gewanne. Vor dem ersten gedeckten Felde bleiben wir stehen, der Hund setzt sich automatisch. Dann weisen wir mit dem ausgestreckten Arm nach rechts, gehen mit dem Hund in der gezeigten Richtung und fordern ihn auf: „Such voran!“ Wenn der Acker nicht übermäßig lang ist, lassen wir den Hund bis zum Ende durchsuchen, pfeifen kurz und wenden uns nach der entgegengesetzten Richtung. So wird der Hund die ganze Gewanne in regelmäßigen Schleifen absuchen. Müssen wir ein kahles Stoppelfeld überqueren, dann können wir den Hund durch Pfiff heranholen, und frei bei Fuß überquert er neben uns die breite Stoppel.

Länger als eine halbe Stunde brauchen wir anfänglich nicht zu arbeiten. Allmählich dehnen wir die Übungen immer weiter aus und trainieren dadurch den Hund so, daß er mit Beginn der Hühnerjagd drei bis vier Stunden flott vor uns hersucht. Am

Pointer apportiert Ente

besten ist es, wenn wir zunächst allein oder in Begleitung eines Herrn jagen, der entweder ohne Hund geht oder der einen erfahrenen Hund mit gutem Gehorsam führt. So wird der Zögling viel eher sattelfest, als wenn er einem Artgenossen nur Ungehorsam nachahmt und unsere Mühe wieder illusorisch macht. In kleiner Gesellschaft ist die Hühnerjagd auch eher ein Genuß. Massenbetrieb ist von Übel.

Später, wenn die Hühner und Fasanen nichts Neues mehr sind, soll unser Freund auch in die Hasenjagd eingeführt werden. Bei dem Niederwildmangel heute ist natürlich die Einarbeitung sehr schwierig geworden. Schußruhe haben wir ja immer wieder geübt. Wir nehmen also unsern Zögling an die Leine, gehen gemächlich über einen Rüben- oder Kartoffelacker. Sobald auf gute Entfernung ein Hase herausrutscht, schießen wir. Der Hund liegt neben uns und darf sich nicht rühren. Wir legen eine Beruhigungspause ein, schnallen dann und fordern zum Bringen auf. Nach

Vorstehender Irish Setter mit einem „Sekundanten"

den vorausgegangenen Übungen wird das wohl klappen.

An dieser Stelle wäre noch einiges über das Verhalten beim Schuß zu sagen. Es dreht sich also um Schußruhe, Schußhitze und Schußfestigkeit bzw. Schußscheue. Grundsätzlich soll sich der Hund auf den Schuß nicht rühren, auf keinen Fall an der Leine zerren, da er sonst seinem Herrn den Schuß unfehlbar verreißt. Wenn der Hund in seinem ersten Feld bejagt wird, dann macht das einen sehr guten Eindruck, wenn er auf den Schuß in die Downlage geht. So ist auch eine Unfallgefahr beseitigt. Neigt der Hund zur Schußhitze, dann wird man immer gut daran tun, das Down von ihm zu verlangen.

Bei einem erfahrenen, älteren Hund bin ich auch durchaus zufrieden, wenn er auf den Schuß stehenbleibt und auch beobachtet, wie das Wild zeichnet. Er lernt das sehr schnell, und bei der Hühnerjagd beobachtet er oft schärfer als sein Herr. Auf keinen Fall darf der Jäger schon den Befehl zum Bringen geben, wenn das Huhn noch im Fallen ist. Macht er das ein paarmal, so gewöhnt er dem Hund die Schußhitze an. Der Hund rennt also bei jedem Schuß sofort los, macht Luftsprünge, um besser äugen zu können, geht viel zu weit, und es dauert eine ganze Weile, bis er anfängt, vernünftig zu arbeiten und das verlorene Wild zu suchen. An dieser Schußhitze ist immer der Jäger schuld, und er hat seine Mühe, bis der Hund diese Untugend wieder abgelegt hat. Man muß eine Schachtel Patronen opfern, muß verlangen, daß der Hund in die Downlage geht, sobald ich die Flinte anschlage. Hier tun die Korallen oft gute Dienste. Am unangenehmsten ist die Schußscheue. Dabei verkriecht sich der Hund beim ersten Schuß, er schlüpft unter das Auto, eilt nach Hause, oder er verschwindet in der nächsten Hecke und ist vorerst auch nicht mehr zu bewegen weiterzusuchen. Vielleicht tut er es an diesem Tage überhaupt nicht mehr. Hier möchte ich jedoch zwei Arten von

Schußscheue unterscheiden, eine angewölfte und eine erworbene.

Hierzu ein Beispiel. Ich hatte eine Pointerhündin, die ausgebildet war, als ich verreisen mußte. Ich gab sie in Pflege, und nachdem die Hühnerjagd ein paar Tage aufgegangen war, kam ich zurück. Als mir die Hündin abgeliefert wurde, sagte mir der Herr, ich würde nicht viel Freude an ihr erleben, sie sei schußscheu. Als ich das erste Huhn vor ihr schoß, verschwand sie im hohen Kartoffelkraut und blieb zitternd liegen. Mit viel guten Worten brachte ich es fertig, daß sie schließlich an der Leine wieder mit mir ging. Ich beschäftigte mich viel mit ihr, und schließlich suchte sie auch wieder. Aber nach dem Schuß ergaben sich immer die gleichen Schwierigkeiten. Ich ließ nicht nach, jagte grundsätzlich allein mit ihr, nach vier Wochen war sie ziemlich in Ordnung, und nach weiteren vier Wochen hatte sie alles vergessen.

Inzwischen ging ich der Sache nach, was da eigentlich passiert war, weil ich zuvor schon öfter vor der Hündin geschossen hatte, ohne daß sie Angst gezeigt hätte. Der Pfleger hatte sie zunächst grundsätzlich zu hart angepackt. Am ersten Hühnerjagdtag hatte er sich sieben Amerikaner eingeladen, und als die erste Kette aufstand, fielen schlagartig 15–20 Schüsse, weil verschiedene der Jagdgäste automatische Flinten führten. Als so die Salve rollte, verschwand die Hündin und suchte an dem Tag nicht mehr. Wäre ihr Pfleger allein mit ihr hinausgegangen und hätte Hühner geschossen, dann hätte sich die Hündin normal verhalten. Nach ein paar Tagen hätte er einen zweiten Herrn mitnehmen können, und so hätte sich die Hündin daran gewöhnt, daß gleichzeitig auch mehrere Schüsse fallen können.

Die erworbene Schußscheue ist noch das kleinere Übel, und mit Glück und Geschick kann man einen solchen Hund wieder in Ordnung bringen.

Viel schlimmer ist die angewölfte Schußscheue, die ein Erbteil der Elterntiere mit schlechten Nerven ist. Meistens ist ein solcher Hund für die Jagd folglich ungeeignet.

Ausstellungen

Ich möchte sie als ein notwendiges Übel bezeichnen. Für Hund und Herrn ist es eine Qual, sich einen Tag in den Ausstellungshallen mit dem ewigen Gekläff der kleinen Rassen aufzuhalten. Aber der Hundefreund kommt nicht darum herum, wenn er zu bestimmten Kenntnissen und Erkenntnissen gelangen will. Ehe er seinen Hund selbst ausstellt, soll er ein paar größere Ausstellungen besuchen und es so einrichten, daß er zu der Zeit an dem Ring ist, wo die Rasse, die ihn interessiert, bewertet wird. Er lernt sehr bald beurteilen, wie hoch der Durchschnitt nach seinem Formwert steht, und er sieht auch bald, was über und was unter dem Durchschnitt ist. Dann soll er sehr genau beobachten, wie der Richter den Hund in allen Körperteilen betrachtet, wie er anfängt, im Ring zu rangieren, wie er immer mal wieder den einen weiter vorn einordnet und den anderen etwas zurücknimmt. Nach langem Vergleichen und Abwägen steht dann die

Vorstellung bei einer Hundeschau

betreffende Klasse in der Rangordnung ihres Formwertes da, und wenn man da seine Augen aufgemacht hat und der Richter noch eine mündliche Begründung für sein Urteil gibt, dann lernt man wirklich zu sehen und bekommt einen Blick für den Formwert.

Das Schwierigste ist natürlich, den eigenen Hund wirklich kritisch und objektiv zu beurteilen. Hat man das gelernt und kommt zu dem Ergebnis, daß er kaum oder gerade an den Durchschnitt herankommt, dann erspare man sich und ihm die Quälerei der Ausstellungsteilnahme. Man besuche die Ausstellung dann allein als Liebhaber oder Züchter einer Rasse, studiere seinen Katalog und mache sich entsprechende Notizen. Man findet vielleicht auch einen Rüden heraus, mit dem man züchten möchte, und spricht mit dem Besitzer, um seinen Pappenheimer kennenzulernen.

Aber es ist absolut nicht das beste Zuchtrezept, zum ersten besten Ausstellungssieger zu laufen. Die Gründe dafür habe ich in einem früheren Abschnitt bereits erwähnt. Auf der Ausstellung findet man natürlich auch leichter eine Hündin, aus der man einmal einen Welpen kaufen möchte. Der Jäger wird die Hunde im Ring immer mit anderen Augen und unter anderen Gesichtspunkten betrachten als der reine Liebhaber oder Sportzüchter.

Hat also der Besitzer eines Hundes seinen Blick so geschärft, daß er weiß, daß sein Hund über den Durchschnitt hinausragt, dann soll er ihn ruhig zur Ausstellung melden. Dazu muß der Hund in entsprechender Kondition sein. Das betrifft zuerst einmal seinen Futterzustand. Er soll vor allem nicht zu gut ernährt erscheinen. Der Körper soll einen sehnigen und trockenen Eindruck machen, und die einzelnen Muskelpartien sollen plastisch hervortreten. Zum anderen soll auch das Haarkleid in Ordnung sein. Die Setter und auch der fein behaarte Pointer sehen ganz anders aus, wenn sie regelmäßig gekämmt und gebürstet sind. Es ist auch nicht ratsam, den Hund erst am Vorabend der Ausstellung zu waschen, denn dann sieht das Haar leicht noch etwas stumpf aus.

In besonderem Maße trifft das beim Setter zu. Hier heißt es: gut gepflegt, ist halb gefüttert. Das Haar muß leicht und luftig erscheinen. Die Fransen und die Fahne müssen gut gekämmt sein, das lange Haar zwischen den Zehen soll nicht sichtbar sein. Man darf aber auch hier nicht zu weit gehen und mit Schere oder Farbe das Aussehen des Hundes in betrügerischer Weise verändern. Das führt zur Verweisung aus dem Ring.

Der Neuling sollte sich bei einer Zuchtschau auch ansehen, wie vorgeführt wird, und dem Hund eine gewisse Ringdressur beibringen, damit der Richter den Hund auch bewerten kann. Die Rassezuchtvereine und der VDH veranstalten jährlich mehrere Ausstellungen oder Zuchtschauen und schreiben diese in ihren Mitteilungsblättern aus.

Für die Zuchttauglichkeit ist die Mindestformwertnote für Rüden = sehr gut, Hündinnen = gut, wobei der Hund mindestens 15 Monate alt sein muß (Bewertung in der Jugendklasse zählt nicht).

Auszug aus der VDH-Zuchtschauordnung

Klasseneinteilung

Es gilt die Rasseneinteilung des jeweiligen F.C.I.- Ausstellungsreglements. Klasseneinteilung:
Jüngstenklasse. 6–9 Monate.
Jugendklasse. 9–18 Monate.
Offene Klasse. Ab 15 Monate.
Gebrauchshundklasse. Ab 15 Monate. Eine Gebrauchshundklasse darf nur für die Rassen ausgeschrieben werden, die gemäß F.C.I.- und VDH-Bestimmungen hierfür vorgesehen sind. Eine Meldung ist nur möglich, wenn bis zum Tage des offiziellen Meldeschlusses das erforderlliche Leistungs-/Ausbildungs-Kennzeichen bestätigt wurde. Die Bestätigung ist der Meldung in Kopie beizufügen. Fehlt der Nachweis, wird der Hund in die Offene Klasse versetzt.
Championklasse. Ab 15 Monate. Eine Meldung ist nur möglich, wenn bis zum Tage des offiziellen Meldeschlusses ein erforderlicher Titel (Internationaler Schönheitschampion der F.C.I., Nationaler Champion der von der F.C.I. anerkannten Landesverbände, Deutscher Champion (Klub + VDH), F.C.I.-Weltsieger, F.C.I.-Europasieger, Deutscher Bundessieger, VDH-Europasieger) bestätigt wurde. Die Bestätigung hierüber ist der Meldung in Kopie beizufügen. Fehlt der Nachweis, wird der Hund in die Offene Klasse versetzt.
Ehrenklasse. Eine Meldung ist nur möglich, wenn bis zum Tage des offiziellen Meldeschlusses der Titel „Internationaler Schönheitschampion der F.C.I.“ bestätigt wurde. Die Hunde bekommen keine Formwertnote, sie werden plaziert. Der an erster Stelle plazierte Hund nimmt am Wettbewerb „Bester Hund der Rasse“ teil.
Veteranenklasse. Ab 8 Jahren. Eine Meldung ist nur möglich, wenn der Hund am Tage vor der Zuchtschau das 8. Lebensjahr vollendet hat. Die Bewertung dieser Klasse erfolgt durch den Zuchtrichter nach dem Standard. Daneben soll besonders auf die Gesamtkonstitution und den Pflegezustand dieser Hunde geachtet werden. Die Hunde bekommen keine Formwertnote. Es wird den Veranstaltern empfohlen, die Hunde der Veteranenklassen dem Publikum besonders vorzustellen und zu plazieren (1–3).

Stichtag für die Alterszuordnung: Der Hund muß am Tag vor der Zuchtschau das geforderte Lebensalter jeweils vollendet haben.

Formwertnoten

Der Zuchtrichter kann folgende Formwertnoten vergeben: Vorzüglich (V) – Sehr Gut (SG) – Gut (G) – Genügend (Ggd) – Nicht genügend (Nggd).

In der Jüngstenklasse: vielversprechend (vv) – versprechend (vsp) – wenig versprechend (wv).

„Vorzüglich" darf nur einem Hunde zuerkannt werden, der dem Idealstandard der Rasse sehr nahekommt, in ausgezeichneter Verfassung vorgeführt wird, ein harmonisches, ausgeglichenes Wesen ausstrahlt, „Klasse" und eine hervorragende Haltung hat. Seine überlegenen Eigenschaften seiner Rasse gegenüber werden kleine Unvollkommenheiten vergessen machen, aber er wird die typischen Merkmale seines Geschlechtes besitzen.

„Sehr Gut" wird nur einem Hund zuerkannt, der die typischen Merkmale seiner Rasse besitzt, von ausgeglichenen Proportionen und in guter Verfassung ist. Man wird ihm einige verzeihliche Fehler nachsehen,

Zuchtgruppensammlung

jedoch keine morphologischen. Dieses Prädikat kann nur einem Klassehund verliehen werden.

„Gut“ ist einem Hund zu erteilen, welcher die Hauptmerkmale seiner Rasse besitzt, aber Fehler aufweist, unter der Bedingung, daß diese nicht verborgen werden.

„Genügend“ erhält ein Hund, der seinem Rassetyp genügend entspricht ohne dessen allgemein bekannte Eigenschaften zu besitzen bzw. dessen körperliche Verfassung zu wünschen übrig läßt.

„Nicht genügend“ erhält ein Hund, der nicht dem durch den Standard vorgeschriebenen Typ entspricht, ein eindeutig nicht standardgemäßes Verhalten zeigt oder aggressiv ist, mit einem Hodenfehler behaftet ist, einen erheblichen Zahnfehler oder eine Kieferanomalie aufweist, einen Farb- und/oder Haarfehler hat oder eindeutig Zeichen von Albinismus erkennen läßt. Dieser Formwert ist ferner dem Hund zuzuerkennen, der einem einzelnen Rassenmerkmal so wenig entspricht, daß die Gesundheit des Hundes beeinträchtigt ist. Mit diesem Formwert muß auch ein Hund bewertet werden, der nach dem für ihn geltenden Standard einen schweren bzw. disqualifizierenden Fehler hat.

Zugehörigkeit zum Rassezuchtverein

Wenn eine Rasse planmäßig gepflegt und gezüchtet werden soll, dann ist die erste Voraussetzung hierfür die Errichtung und sorgfältige Führung eines Stamm- oder Zuchtbuches. Und es liegt auch im Interesse aller Beteiligten, daß dieses Zuchtbuch regelmäßig im Abstand eines Jahres erscheint.

Zu Beginn der kynologischen Bewegung hielt man einen Hund für reinrassig, wenn er äußerlich den allgemeinen Rassekennzeichen entsprach. Man glaubte auch, daß ein solcher Hund die Rassekennzeichen wieder vererben würde. Inzwischen hat man längst gelernt, daß ein regelrechter Blendling oder Bastard ganz wie ein rassereiner Hund aussehen kann, daß aber bei seinen Nachkommen die Wahrheit der Herkunft an den Tag kommt.

Zur Jahrhundertwende wurde ein Hund besonders beachtet, wenn er „Papiere“ hatte. Daher galt es anfänglich, das Verständnis dafür zu wecken,

Irish Setter apportiert Abwurfstange

daß man ein Zuchtbuch zur Grundlage aller Bestrebungen machen müsse. Aber es ging langsam, und wenn in einem Jahr beispielsweise 100 Setter eingetragen wurden, so war das schon viel. Bei den Pointern waren es noch weniger. Die Mitgliederzahl war dementsprechend gering, und die Zuchtklubs konnten keine Reichtümer sammeln, sondern es war immer wieder eine große Anstrengung, den fälligen Band rechtzeitig herauszubringen. So existierten vom Setter-Verein insgesamt nur drei Zuchtbände. Vom Pointer-Klub ist mir nur ein Band bekannt. Diese Feststellung bezieht sich auf die Zeit von 1902 bis 1912, in der beide Vereine noch nicht vereint waren. Der Schriftleiter Rudolf Klotz war der erste Zuchtbuchführer des Pointer-Klubs. Große Verdienste um den Setter-Verein und die Stammbuchführung usw. hat sich Lehrer Warnecke, der Inhaber des English-Setter-Zwingers „Allright", erworben.

Aus der Not machte man schließlich eine Tugend. Der Pointer-Klub und der Setter-Verein schlossen sich 1912 zusammen, damit sie finanzkräftiger wurden. Das erweckte bei den Laien den Eindruck, daß Pointer und Setter nur die kurzhaarige bzw. langhaarige Form der gleichen Rasse seien. Das ist ein grundlegender Irrtum.

Im Ausland hat man die beiden Rassen stets in getrennten Vereinen betreut und für beide Rassen getrennte Suchen veranstaltet, neben Suchen, auf denen sowohl Pointer als auch Setter zugelassen waren. Das Hauptkontingent stellten dabei immer die English Setter, weil sie von den Jägern unserer westlichen Nachbarn und von den Italienern bevorzugt werden. Wenn man mit genügend Meldungen rechnet, ist es gerechter, zum mindesten im Frühjahr die Suchen getrennt abzuhalten.

Ich will damit nicht sagen, daß der Pointer auf jagdlichem Gebiet besser sei als der Setter und dieser gegenüber dem Konkurrenten nicht standhalten konnte. Aber die Arbeitsweise der beiden Schläge ist doch grundverschieden, es hat schon viele Setter gegeben, und es wird sie immer wieder geben, die so schnell oder schneller als manche Pointer sind und sie auch in der Nase übertreffen. Aber der Pointerstil z. B. im Paarhühnerfeld ist hinreißender und eindrucksvoller als die weichen und schmiegsamen Bewegungen der Setter, die oft fast schlängelartig an die Hühner auf angemessene Entfernung herankriechen, während der Pointer mit einem gewaltigen Ruck oft mitten im Sprung erstarrt.

Aus meinen letzten Ausführungen wird jeder ersehen haben, daß ich den Beitritt zu einem Rassezuchtverein für eine Notwendigkeit halte, wenn man sich für diese Rasse ernsthaft interessiert oder wenn man gar diese Rasse züchten will.

Einmal sind die Eintragungsgebühren für Mitglieder so günstig, daß man bei einer Wurfeintragung schon einen Jahresbeitrag erspart. Sodann gibt der Verein eine Zeitschrift heraus, die nicht bloß geschäftliche Veröffentlichungen zum Inhalt hat, sondern die auch wertvolle Abhandlungen über Zucht- und Vererbungsfragen, über jagdliche Führung usw. bringt. In der Vereinszeitschrift werden auch die Prüfungs- und Ausstellungsberichte veröffentlicht. Die Mitglieder erhalten das Zuchtbuch. Das sind rein materielle Erwägungen über die Zugehörigkeit zum Verein.

Wichtiger sind natürlich die ideellen Gründe. Je größer die Mitgliederzahl ist, desto leistungsfähiger wird der Verein. Sodann veranlaßt auch die Freude an der Arbeit des eigenen Hundes den Besitzer dazu, der Rasse zuliebe das Opfer zu bringen, nicht nur alljährlich seinen Beitrag zu opfern, sondern auch tätigen Anteil zu nehmen. Sei es, daß man sich die Prüfungen und Suchen anschaut, sei es, daß man eventuell auch einmal über eigene Erlebnisse und Erfahrungen berichtet.

Kostenloser Welpen-Service von Pedigree® Pal®

Haben Sie einen Welpen?

Als frischgebackener Hundebesitzer hat man viele Fragen: Wie wird mein Hund stubenrein? Wie lernt er, an der Leine zu gehen? Wie erziehe ich ihn? Was sollte er fressen? Und vieles mehr. Pedigree® Pal® bietet jedem Welpenbesitzer einen kostenlosen Informations-Service, der Sie während des ersten Lebensjahres Ihres Hundes begleitet. So erhalten Sie bis zu fünfmal immer genau die Informationen über Verhalten, Erziehung und Ernährung, die Sie entsprechend dem Lebensalter Ihres Hundes gerade brauchen. Dazu gibt es viele Tips und Wissenswertes aus der Welt junger Hunde – und machmal eine kleine Überraschung! Wenn Sie an diesem Service Interesse haben, schreiben Sie einfach an Pedigree® Pal®, wann genau Ihr Hund geboren ist. Die Anschrift lautet:

Pedigree® Pal®,
Postfach 1260,
22859 Hamburg.
Oder rufen Sie an:
01805/33 45 45 (Mo–Fr, 9–18 Uhr, 0,48 DM/Minute)

Ernährung

Der Hund braucht mehr als Fleisch

Leben ist Bewegung. Leben ist Wachstum. Leben ist Stoffwechsel. Damit Lebensvorgänge ablaufen können, muß sich das Lebewesen ernähren. Der Zweck der Ernährung ist es, dem Körper Nährstoffe zuzuführen. Diese dienen der Bewegung, indem sie Energie liefern, dienen dem Wachstum, indem sie die Baustoffe darstellen, dienen dem Stoffwechsel, indem sie verbrauchte Substanzen ersetzen. Nährstoffe befinden sich in der Nahrung. Tiere sind von organischen Stoffen abhängig. Diese gehen sämtlich auf Stoffwechselprodukte der Pflanzen zurück.

Der Hund als Nachfahre des Wolfes steht am Ende der Nahrungskette. Er verwertet nicht die Pflanze selbst, sondern pflanzenfressende Tiere. Die wildlebenden Ahnen unseres Hundes verzehrten ihre Beute meist vollständig. Von daher geht der Begriff „Fleischfresser" am Kern vorbei. Denn nicht nur Muskelfleisch, sondern ebenso die Knochen, Sehnen, das Fell und natürlich die Innereien samt dem pflanzlichen Inhalt wurden verschlungen. Treffender ist also die Bezeichnung „Beutetierfresser".

- Der Hund steht am Ende der Nahrungskette.
- Der Hund benötigt neben Fleisch auch Fett, Mineralstoffe, Vitamine und pflanzliche Materialien.
- Der Hund ist ein Beutetierfresser.

Das Verdauungssystem spaltet die Nahrung auf

Dem Wolf wie auch seinem Nachfahren Hund sind eine Reihe spezialisierter Organe eigen, mit denen er seine Nahrung beschaffen, zerkleinern und verwerten kann. Die Zähne dienen dem Ergreifen und Zerteilen der Beute. Mit Hilfe des Speichels gleitfähiger gemacht, gelangt die Nahrung durch die sehr dehnbare Speiseröhre in den Magen. Hier erfolgt eine erste Aufspaltung der einzelnen Bestandteile. Dieser Vorgang wird im Dünndarm fortgesetzt. Unverzichtbare Hilfe leisten dabei Verdauungsenzyme, die in der Bauchspeicheldrüse gebildet werden. Ihre Aufgabe ist die biochemische Zerkleinerung der Nährstoffe bis auf die Grundbausteine. Nur so zerlegt ist die Nahrung letztendlich verwertbar. Die Nährstoffe werden dann von der Darmschleimhaut aufgenommen und mit Hilfe des Blutkreislaufs in jede noch so entlegene Zelle des Körpers transportiert. Dort erst erfüllen sie ihre eigentliche Funktion. Im Muskel beispielsweise wird die biochemische Energie bestimmter Nährstoffe in Bewegungsenergie umgewandelt, im Knochen dienen andere Nährstoffe als Bausteine den Wachstumsvorgängen. Unverwertbare Bestandteile der Nahrung gelangen in den Dickdarm und werden wieder ausgeschieden.

- Die Nahrung muß aufgespalten werden, um verwertbar zu sein.
- Die Aufspaltung erfolgt hauptsächlich im Darm.
- Die Nährstoffe werden mit dem Blutkreislauf aus dem Darm in alle Körperzellen transportiert.

Hohe Energieausbeute nur bei hochverdaulicher Nahrung

Ob unser Hund läuft, springt, mit dem Schwanz wedelt oder vielleicht nur daliegt und Herrchen oder Frauchen beim Lesen zuschaut – jeder

Ein König des weiten Feldes: Pointer-Rüde, Internationaler Arbeitschampion IFF von Kurhessen

dieser Vorgänge braucht Energie, sie ist die treibende Kraft aller Lebensvorgänge. Unser Hund bezieht sie aus seinem Futter. In biochemischer Form gespeichert, gelangt Energie in den Körper und wird dort in die unterschiedlichsten Lebensäußerungen umgewandelt. Bei diesen Umwandlungsprozessen gibt es Verluste. Über Kot und Harn werden Stoffe ausgeschieden, die noch Energie speichern. Auch Wärmeverluste schmälern die Energieausbeute für den Organismus. Dennoch hat das Energieumwandlungssystem „Hund" einen höheren Wirkungsgrad als jedes vom Menschen ersonnene. Eines liegt jedoch auf der Hand: Je höher die Verdaulichkeit der Nahrung ist, desto geringer sind die Energieverluste für den Hund.

- Ohne Energie gibt es kein Leben.
- Die Energie ist in der Nahrung.
- Je höher die Nahrung verdaulich ist, desto besser wird sie verwertet.

Eiweiße sind Baustoff, Energieträger und Wirkstoff zugleich

Jeder Hund benötigt über fünfzig verschiedene Nährstoffe, und zwar Tag für Tag, ein Leben lang. Man kann diese der besseren Übersichtlichkeit halber in Hauptnährstoffgruppen zusammenfassen. Eine wesentliche dieser Gruppen wird von den Eiweißen oder Proteinen gebildet. Sie stellen wichtige Körperbausteine dar. Nur eine einzige Körpersubstanz überhaupt enthält keine Eiweiße als Baustein, und das ist der Zahnschmelz. Alle anderen Gewebe, ob nun Muskel, Nerven, Haut oder innere Organe, bestehen in irgendeiner Form aus Eiweißen. Sogar der Knochen enthält nicht nur Mineralstoffe, sondern eben auch Gerüstproteine. Darüber hinaus werden wichtige Wirkstoffe wie Enzyme und Hormone durch Eiweiße aufgebaut. Außerdem sind Eiweiße eine Energiequelle für Hunde. Die Energieausbeute beim Abbau der Eiweiße ist jedoch nicht besonders hoch. In dieser Hinsicht ist die Nutzung von Fetten effizienter. Fette sind die für den Hund günstigste Energiequelle. Die Ausbeute bei ihrem biochemischen Abbau ist um etwa ein Drittel höher als bei Eiweißen. Fette sind jedoch nicht nur Energielieferanten. Sie stellen auch wichtige Bausteine für Zellmembranen dar und sind unverzichtbarer Bestandteil von bestimmten Hormonen und Vitaminen.

Kohlenhydrate kommen in der Natur in großen Mengen in Pflanzen vor. Das Verdauungssystem des Hundes kann diese nur in erhitzter Form spalten. Dann stellen einige Kohlenhydrate jedoch gute Energielieferanten dar. Weiterhin dienen Kohlenhydrate als Ballaststoffe. In dieser Funktion regen sie die Darmbewegung an und sind so für die Passage der Nahrung durch den Darm unerläßlich. Ebenso wichtige, jedoch grundsätzlich andere Aufgaben erfüllen die Mineralstoffe. Die bekanntesten unter ihnen, Kalzium und Phosphor, bilden die Hauptbestandteile der Knochen. Sie fungieren also als Baustoff. Andere Mineralstoffe werden im Stoffwechsel von Substanzen benötigt, welche Steuer- und Regelungsmechanismen bedienen.

So gibt es eine Reihe von Enzymen und Hormonen, die ohne die Anwesenheit bestimmter Mineralstoffe wirkungslos blieben. Weiterhin laufen so wichtige Vorgänge wie Blutgerinnung, Muskelkontraktionen oder die Erregungsleitung in Nerven nur ab, wenn die dazugehörigen Mineralstoffe dem Körper über die Nahrung zugeführt werden.

Die Gruppe der Mineralstoffe kann man noch einmal unterteilen in Mengenelemente (von diesen wird ein bedeutendes Quantum täglich benötigt) und Spurenelemente (hiervon reichen oft schon ganz geringe Mengen im Mikrogrammbereich aus).

Schließlich müssen noch die Vitamine in der Nahrung sein, von denen es fettlösliche und wasserlösliche gibt. Vitamine haben lebenswichtige Steuerfunktionen, dienen dem Sehvermögen, der Krankheitsabwehr oder dem Energiestoffwechsel.

In freudiger Erwartung einer leckeren Mahlzeit

- Eiweiße sind Baustoff, Energieträger und Wirkstoff zugleich.
- Fette sind die günstigste Energiequelle.
- Mineralstoffe bauen das Skelett auf und steuern lebenswichtige Vorgänge im Stoffwechsel
- Vitamine regeln unverzichtbare Lebensprozesse.

Wachsende Hunde benötigen spezielle Nahrung

Die moderne Tiermedizin hat die Besonderheiten des Hundestoffwechsels genau untersucht. So besteht heute die Möglichkeit, nicht allein den Energiebedarf eines heranwachsenden Hundes genau anzugeben, sondern auch seinen Bedarf an Kohlenhydraten, Eiweißen und Fetten sowie Mineralstoffen und Vitaminen. Dies ist entscheidend, wenn man das Ziel hat, durch eine artgerechte Bilanzierung von Nahrungsbestandteilen eine gesunde Hundeentwicklung zu fördern.

Ein gutes Beispiel dafür ist der Bewegungsapparat. Mit Hilfe von Messungen der Wachstumsgeschwindigkeit der Knochen, Röntgenaufnahmen des Bewegungsapparates, Bestimmungen der Knochendichte, Vergleich von vielen hundert gesund aufgewachsenen Hunden und weiteren Untersuchungsverfahren ist der Bedarf an Kalzium und Phosphor genau festgestellt worden.

Aufgrund dieser Zahlen sind wissenschaftlich exakte Empfehlungen für die Versorgung mit diesen Mengenelementen möglich – und zwar jeden Monat im Leben eines wachsenden Hundes. Wegen des hohen Bedarfs der Welpen an knochenaufbauenden Mineralstoffen liegt der Kalzium- und Phosphorbedarf in den ersten beiden Lebensmonaten rund viermal höher als beim erwachsenen Hund. Mit zunehmender Mineralisierung der Knochen nimmt er im Laufe des Wachstums stetig ab.

Um ein gleichmäßiges Knochenwachstum und eine gesunde Skelettentwicklung zu erreichen, kann die Versorgung mit Kalzium und Phosphor eigentlich nur durch eine ausgewogene, altersangepaßte Vollnahrung problemlos gewährleistet werden.

Eine Selbstherstellung von Hundenahrung ist wegen der möglichen Unter- oder Überversorgung mit lebenswichtigen Nährstoffen insbesondere bei Welpen sehr kritisch. So ist in „Eigenmischungen“ das Kalzium/Phosphor-Verhältnis meist nicht korrekt ausbilanziert. Die Wachstumsrate junger Hunde und die Unterschiede zwischen einzelnen Hunden werden übrigens nicht allein durch Erbanlagen bestimmt. Auch äußere Faktoren wie Ernährung, Klima oder Krankheiten sind wichtig.

Eine optimale Gestaltung der äußeren Einflußfaktoren kann das Wachstum im positiven Sinne beeinflussen – also eine artgerechte, angemessene Ernährung, gute Haltungsbedingungen und eine vernünftige Krankheitsverhütung, zum Beispiel durch Impfungen. Da es bei jedem Hund Unterschiede der äußeren Bedingungen gibt, variiert die Gewichtsentwicklung von Individuum zu Individuum ein wenig. Das bedeutet, daß es immer Abweichungen des altersentsprechenden Körpergewichtes von den wissenschaftlich ermittelten Durchschnittswerten gibt. Diese Unterschiede sind aber nicht nur von wissenschaftlichem Wert. In der Praxis ergeben sich aus den natürlichen Differenzen bei der Wachstumsgeschwindigkeit Unterschiede beim Bedarf der wachsenden Hunde an Energie, Eiweißen und insbesondere auch Mineralstoffen. Dies muß bei der Ernährung von Welpen und Junghunden bedacht und einkalkuliert werden.

Das Verdauungssystem und der Stoffwechsel von Welpen weisen eine Reihe von Besonderheiten auf. Der Magen ist noch relativ klein, so daß nur eine begrenzte Menge Nahrung aufgenommen werden kann. Diese eingeschränkte Speicherfunktion des Magens macht eine häufige Nahrungsaufnahme notwendig.

Einige Körpergewebe beziehungsweise Organsysteme sind während der ersten Lebensmonate ganz besonders auf eine richtig zusammengesetzte Nahrung angewiesen, um sich so entwickeln zu können, wie es die Natur vorgesehen hat. Hierzu gehören Bewegungsapparat, Abwehrsystem, Fortpflanzungssystem, Haut und Fell sowie Lunge und Atemwege. Anders als das Herz-Kreislauf-System des jungen Hundes, das sich schon im Mutterleib fast vollständig entwickelt hat, reift beispielsweise der Bewegungsapparat erst später aus.

So sind nach der Geburt zwar sämtliche Knochen beim Welpen angelegt und vorhanden, bestehen aber überwiegend noch aus Knorpel, also einem Gewebetyp, der zwar sehr elastisch ist, jedoch nur eine geringe Festigkeit hat. Dieses bindegewebige Gerüst wandelt der Organismus nach und nach zum tragfähigen Knochen um, indem er Mineralstoffe – vor allem Kalzium und Phosphor – einlagert. So entwickelt der Junghund im Laufe vieler Monate die biologisch notwendige Festigkeit seiner Knochen. Solange bleibt den noch nicht voll mineralisierten Knochen die Möglichkeit, weiter zu wachsen. Erst gegen Ende der Wachstumsperiode des Hundes verschließen sich die Wachstumsfugen der Knochen, die bis dahin ein Längenwachstum ermöglicht haben.

Im gesamten Zeitraum der Knochenbildung muß also die Zusammensetzung der Nahrung optimal auf die Bedürfnisse des Knochenwachstums eingestellt sein. Junge Hunde haben keinen Schutzmechanismus vor überhöhter Kalziumzufuhr mit der Nahrung wie erwachsene Tiere.

Unter dem Einfluß von Hormonen wird ein eventueller Kalziumüberschuß überwiegend in den Knochen eingelagert, was im Endeffekt zu einer gesteigerten und gleichzeitig gestörten Verknöcherung führt. Die daraus resultierenden Skelettdeformierungen und Bewegungseinschränkungen sind im späteren Lebensalter nicht wiedergutzumachen. Die Empfehlung, Junghunden eine Kalziumergänzung – selbst bei Verwendung einer vollständigen und richtig bilanzierten Vollnahrung – zukommen zu lassen, ist wissenschaftlich nicht haltbar. Wegen der möglichen Gefahren ist die Gabe von kalziumreichen Nahrungsadditiven deswegen zu vermeiden.

- Wachsende Hunde haben einen höheren Energiebedarf.
- Das heranwachsende Skelett braucht mehr als doppelt so viele Mineralstoffe.
- Spezielle Welpennahrung deckt alle Bedürfnisse ab.

Fertignahrung ist hochwertig, sicher und bequem

Wie wir gesehen haben, benötigen Hunde sehr viele verschiedene Nährstoffe. Diese müssen nicht nur in der optimalen Menge, sondern auch im

ALTERNATIVE MÖGLICHKEITEN EINER AUSGEWOGENEN ERNÄHRUNG

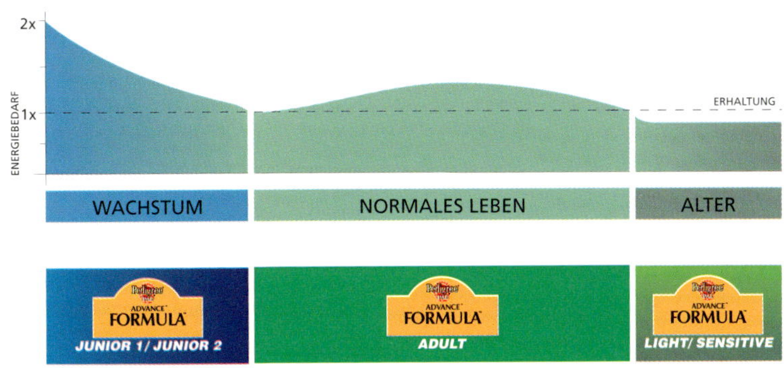

WALTHAM ERNÄHRUNGSBERATUNG

richtigen Verhältnis zueinander in der Nahrung sein. Hinzu kommen besondere Lebenssituationen wie Wachstum, Phasen hoher körperlicher Belastung, Trächtigkeit oder Alter. Jede dieser Situationen bringt veränderte Nährstoffansprüche mit sich.

Verdaulichkeit und Schmackhaftigkeit des Futters sollen auch gewährleistet sein, damit der Hund den Napf leert. Wollten wir unserem Hund selbst die tägliche Nahrung bereiten, hätten wir das alles zu beachten. Wir müßten den Gehalt der Ausgangsmaterialien an Eiweißen, Fetten, Mineralstoffen und Vitaminen genau kennen. Wer jedoch mißt die Menge essentieller Aminosäuren oder den Vitamingehalt eines Stückes Fleisch? Wieviel Kalzium ist denn nun in der Messerspitze Futterkalk enthalten? Und was ist mit der Zeit, die wir für die tägliche Futterration unseres vierbeinigen Freundes benötigen würden? Am sichersten ist die Verwendung qualitativ hochwertiger Fertignahrung, wie sie von verantwortungsbewußten, erfolgreichen Züchtern empfohlen wird. Alle Nährstoffe sind in richtiger Menge und optimalem Verhältnis enthalten. Man kann genau portionieren, die Fütterung ist sauber, schnell und bequem. Das deutsche Futtermittelrecht regelt die Zusammensetzung streng und genau. Es dürfen nur einwandfreie Rohmaterialien von gesunden Tieren und Pflanzen verwendet werden. Fertignahrung ist also der beste und sicherste Weg, unseren Hund richtig und gesund zu ernähren. Und schmecken wird es ihm ganz gewiß.

- Futterselbstzubereitung ist kompliziert, zeitraubend und erfordert Spezialkenntnisse.
- Fertignahrung ist sicher, hat hohe Qualität und erfüllt alle Nährstoffansprüche des Hundes.

Wichtige Tips zur Fütterung Ihres Hundes

1. Bei der Verwendung von Fertignahrungsmitteln, die als „Alleinfutter“ deklariert sind, erhält Ihr Hund alle lebensnotwendigen Nährstoffe in ausgewogener Zusammensetzung für ein langes, gesundes Hundeleben.
2. Ein Welpe braucht zu Beginn seines Lebens etwa doppelt so viele Nährstoffe und Energie wie ein ausgewachsener Hund, deshalb füttern Sie in der Wachstumsphase ein Fertigfutter, welches für wachsende Hunde bestimmt ist.
3. Verwenden Sie als Milchersatz für Saugwelpen nur spezielle Welpenmilchprodukte, Kuhmilch ist auf keinen Fall zu empfehlen, da sie nicht eiweiß- und fettreich genug ist und zu Durchfällen führen kann.
4. Achten Sie darauf, Futterumstellungen langsam und schrittweise über fünf Tage durchzuführen, so

Gordon Setter im Revier

daß sich der Verdauungstrakt des Hundes an die neue Nahrung gewöhnen kann.

5. Füttern Sie stets zur gleichen Zeit und möglichst am gleichen Ort weder zu heiß noch zu kalt (nicht direkt aus dem Kühlschrank).
6. Bieten Sie ihrem Hund nur die Futtermenge an, die er auch auffrißt, keine Futterreste stehen lassen.
7. Frisches Wasser zum Trinken sollte Ihr Hund stets zur Verfügung haben.
8. Füttern Sie Fleisch bitte nur im abgekochten Zustand, bei der Fütterung von rohem Fleisch besteht Infektionsgefahr.
9. Bei der Verwendung eines hochwertigen Fertigfutters brauchen Sie keinerlei Zusatzstoffe oder Ergänzungsfuttermittel zusätzlich zu füttern.
10. Bei älteren Hunden ist die Futtermenge in 2–3 Mahlzeiten aufzuteilen. Die verwendeten Eiweiße müssen hochwertig und hochverdaulich sein.

Gesundheit

Vorbeugen ist besser als Heilen

Artgerechte Haltung, Pflege und Ernährung sind Voraussetzungen für die Gesundheit. Das seelische Wohlbefinden des Hundes ist so wichtig wie das körperliche. Der gesunde Hund nimmt aufmerksam und lebhaft Anteil an seiner Umgebung. Er ist kräftig und ausdauernd. In der Ruhe atmet er 10- bis 20mal, das Herz schlägt 70- bis 100mal in der Minute. Die Körpertemperatur liegt um 38,5 °C. Gesundheit ist nicht nur „Freisein von Krankheiten", sie schließt auch Widerstandskraft gegen Infektionen ein.

Das Haarkleid schützt nicht nur gegen Wind und Wetter, es ist auch Zeichen von Gesundheit. Stumpfes Haar, ständiger Haarausfall und starker Geruch deuten auf innere Erkrankungen hin. Die Haut soll frei von Schuppen und Rötungen sein, kein Juckreiz soll den Hund plagen.

Flöhe, Läuse und Haarlinge kann auch der gepflegteste Hund von einer Hundebegegnung mitbringen. Bei Juckreiz wird als erstes die Haut auf Flohstiche – bis zu linsengroße, geschwollene Rötungen – und das Fell auf Parasitenkot – kleine schwarze Pünktchen – abgesucht. Lieblingssitze der ungebetenen Gäste sind die Innenflächen der Hinterbeine, die „Achselhöhlen" und die Ohrmuscheln. Bei leichtem Befall genügt ein Flohpuder oder -spray. Wirksamer sind Waschlösungen, die das Fell bis auf die Haut benetzen, oder verschreibungspflichtige Mittel, die auf die Haut getropft werden und bis zu vier Wochen wirken. Das Ablecken solcher Mittel muß aber unbedingt verhindert werden. „Anti-Floh-Halsbänder" geben bis zu vier Monaten gas- oder puderförmige Wirkstoffe ab. In Hundehütten können bei einigen Halsbändern Giftgaskonzentrationen auftreten, die auch für den Hund bedenklich sind. Manche Halsbänder verlieren zudem durch Nässe an Wirksamkeit. Bei Flohbefall muß immer das Lager des Hundes mitbehandelt werden. Moderne Spezialmittel töten dabei nicht nur „erwachsene" Flöhe, sondern stoppen auch die weitere Entwicklung der Flohlarven. Hundedecken werden am besten ausgekocht, Teppiche regelmäßig gesaugt und Stroh in der Hütte gewechselt.

Zecken lassen sich aus dem Gebüsch auf den Hund fallen, beißen sich in der Haut fest und saugen sich mit Blut voll. Je länger sie saugen, desto größer ist in bestimmten verseuchten Gegenden die Gefahr, daß eine für Hunde gefährliche Infektionskrankheit, die Borreliose, übertragen wird. Deshalb sollten Zecken so rasch wie möglich entfernt werden. Sie dürfen aber nicht einfach ausgerissen werden, weil dabei die Beißwerkzeuge in der Haut steckenbleiben und Entzündungen verursachen können. Am besten erfaßt man die Zecke mit einer Spezialpinzette und hebelt sie drehend aus der Haut heraus.

Auf keinen Fall darf eine Zecke mit Alkohol betäubt oder mit Öl erstickt werden. Im Todeskampf gibt sie ihren Speichel in die Blutbahn des Hundes ab und damit eventuell Erreger einer Infektion. Inzwischen gibt es, allerdings nur beim Tierarzt, ein Anti-Zecken- und -Flohhalsband, das den Befall mit Zecken weitgehend und das Blutsaugen sicher verhindert.

Die Ohren sollten alle vier Wochen gereinigt werden. Mit Wattestäbchen kann man das Trommelfell zwar kaum verletzen, das Ohrenschmalz aber in der Tiefe zusammenstopfen. Besser ist ein alkoholischer Ohrreiniger, der randvoll ins Ohr eingegossen und bei zugedrückter Ohrmuschel durchmassiert wird. Das gelöste Ohrenschmalz kann der Hund dann selbst ausschütteln, vorzugsweise im Freien.

Dunkle, übelriechende Beläge im Ohr zeigen eine Entzündung an. Meist wird sich der Hund dann auch am Ohr oder – scheinbar – am Halsband kratzen und den Kopf schütteln. Ursache des „Ohrenzwanges“ können Ohrenmilben, Grasgrannen oder andere Fremdkörper sowie Bakterien und Pilze sein. Wenn zwei- bis dreimalige gründliche Reinigung mit dem Ohrreiniger keine Besserung bringt, ist eine gezielte Behandlung erforderlich.

Die Augen werden mit einem Stückchen Mullbinde oder einem Taschentuch vom „Schlaf“ gereinigt. Fusseln von Watte oder Papiertaschentüchern reizen die Schleimhäute. Bindehautentzündungen können auch durch Zugluft, Staub oder starke Sonne verursacht werden. Zur Linderung werden Augentropfen in den heruntergezogenen Bindehautsack geträufelt. Borwasser wird heute nicht mehr verwendet, weil feine Kristalle als Fremdkörper wirken können. Länger andauernder wäßriger, schleimiger oder eitriger Augenausfluß sollte nicht mit Hausmitteln kuriert werden. Es könnte eine Infektion vorliegen. Wucherungen auf der Rückseite der Nickhaut müssen meist operativ behandelt werden.

Die Zähne werden durch Hundekuchen oder Knochen ausreichend gereinigt. Auch die Tortur des Zähneputzens kann Zahnstein kaum verhindern. Zur Entfernung weicher Beläge eignet sich am ehesten ein Wattebausch, getränkt mit dreiprozentiger Wasserstoffsuperoxydlösung. Zahnstein ist ein fest anhaftender brauner Belag aus verhärteten Salzen. Fauliger Mundgeruch durch Zahnfleischentzündungen und -vereiterungen sowie Zahnausfall sind die Folgen. Zahnstein sollte frühzeitig fachkundig entfernt werden.

Lose Zähne müssen gezogen werden. Da der Hund keine Beute jagen, festhalten oder zerreißen muß, kann er auf schmerzende Zähne gut verzichten. Nach Entfernung der Eiterherde wird er sich auch allgemein wohler fühlen, denn sie können den Körper vergiften und zum Beispiel chronische Herzklappenentzündungen auslösen.

Die Analbeutel sollen eigentlich bei jedem Kotabsatz eine individuelle Duftmarke zur Revierkennzeichnung hinterlassen. Infolge der Domestikation funktioniert die Entleerung häufig nicht richtig. Sekretstauungen sind die Folge; den Juckreiz versucht der Hund vergeblich durch Rutschen auf dem After zu beseitigen. Dieses „Schlittenfahren" ist entgegen landläufiger Vermutung fast nie auf Wurmbefall zurückzuführen. Stark gefüllte Analbeutel müssen fachkundig ausgedrückt, vereiterte müssen tierärztlich behandelt werden.

Die Krallen werden nur bei regelmäßigem Auslauf auf hartem Untergrund ausreichend abgelaufen. Nur bei krankhaftem Hornwachstum oder Stellungsfehlern müssen sie geschnitten werden. Dabei soll die in der Kralle verlaufende Ader nicht verletzt werden. „Wolfskrallen", Überbleibsel der an sich verkümmerten fünften Zehe an Vorder- und Hinterläufen, können bei Verletzungen stark bluten. Sie sollten vorsorglich amputiert werden. Das geschieht üblicherweise schon bei neugeborenen Welpen.

Erste Hilfe tut not

Hautverletzungen müssen genau inspiziert werden. Oberflächliche Abschürfungen und Schrunden können mit Hausmitteln behandelt werden. Auf jeden Fall werden im Bereich der Verletzungen die Haare mit einer gebogenen Schere kurz abgeschnitten. Sie verkleben sonst mit dem Wundsekret; Vereiterung ist die Folge. Die Wunde wird mit Wundgel, -spray oder -tinktur behandelt. Fetthaltige Salben behindern den heilungsfördernden Luftzutritt, Puder verkrustet.

Bei tieferen Wunden mit Durchtrennung der Haut sollte umgehend ein Tierarzt hinzugezogen werden. Bei Beißereien und Stacheldrahtverletzungen wird die Haut oft vom Körper losgerissen, so daß tiefe Taschen zu versorgen sind. Von Fall zu Fall ist zu prüfen, ob eine „offene Wundbehandlung" oder eine Naht besser ist. Nur frische Wunden können mit Aussicht auf komplikationslose Heilung genäht werden.

Eine offene, aus der Tiefe nässende oder eiternde Wunde darf der Hund belecken. In allen anderen Fällen wird die Wundheilung behindert, weil die zarten Heilungszellen am Wundrand gestört werden. Das Belecken von Wunden und das Abreißen von Verbänden können durch einen Halskragen verhindert werden, den es fix und fertig vom Tierarzt gibt.

Wundstarrkrampf ist beim Hund selten. Impfungen sind daher nicht üblich. Zur Vorbeugung sollen Wunden ausbluten und nicht luftdicht abgedeckt werden. Wenn größere Adern verletzt sind, kommt es zu andauernden, starken Blutungen. Häufig tritt Blut im Strahl aus. Dann muß zur Ersten Hilfe ein Druckverband angelegt werden. An ungünstigen Körperstellen wie am Kopf kann auch von Hand eine Kompresse aufgedrückt werden. Gliedmaßen können abgebunden werden, die Abbindung muß aber viertelstündlich kurz gelöst werden. In solchen Fällen ist stets umgehend tierärztliche Hilfe erforderlich.

Unfälle können auch zu inneren Verletzungen und Gehirnerschütterungen führen. Bei Bewußtseinstrübungen soll nie Flüssigkeit eingeflößt werden. Die Maulschleimhaut kann aber mit Kaffee, Tee oder auch einfach mit Wasser befeuchtet werden. Der Hund wird vorsichtig getragen oder seitlich mit tiefliegendem Kopf und herausgezogener Zunge auf einer Decke gelagert, die, von zwei Personen an den Ecken strammgezogen, auch als „Tragbahre“ dient. Am Unfallort sind meistens die Diagnose und vor allem eine wirksame Schockbehandlung erschwert. Telefonisch sollte zur Vermeidung unnötiger Wege und Zeiten ein dienstbereiter Tierarzt verständigt und umgehend aufgesucht werden.

Lahmheiten können viele Ursachen haben. Als erstes wird die Pfote untersucht. Dornen oder Splitter werden ausgezogen. Verfilzte Haare drükken zwischen den Ballen wie ein Stein im Schuh; sie werden daher vorsichtig ausgeschnitten. Wunde Stellen

Ausdrucksvoll vorstehender Pointer

werden wie Hautverletzungen behandelt. Im Winter müssen Streusalzreste von den Pfoten abgewaschen werden. Bei Krallenbettentzündungen können warme Kamillen- oder Seifenbäder Linderung bringen. Lose Krallenteile werden an der Bruchstelle beherzt abgeschnitten. In vielen Fällen ist ein Verband erforderlich. Er muß fachkundig angelegt werden, um Druckstellen zu vermeiden.

Bei Schwellungen, Prellungen und Verstauchungen kann das Fell des betroffenen Körperteils mehrmals täglich mit kaltem Wasser durchnäßt werden. Das wirkt wie ein Kühlverband, lindert den Schmerz und hemmt – frühzeitig angewendet – weitere Schwellungen. Wenn ein Bein überhaupt nicht belastet wird, besteht Verdacht auf Knochenbruch. Bei stark abnormer Beweglichkeit können die Gliedmaße durch eine Notschiene ruhiggestellt werden. Andauernde, wiederkehrende oder sich verschlimmernde Bewegungsstörungen sind stets ein Fall für den Tierarzt. Das Humpeln auf einem Hinterbein wird nicht selten durch eine Ausrenkung der Kniescheibe oder durch Riß von Bändern bedingt, die operativ fixiert werden müssen.

Vergiftungen sind meist „Unglücksfälle" und nur selten böse Absicht. Rattengift kann bei unsachgemäßem Auslegen direkt, aber auch mit vergifteten Nagetieren aufgenommen werden. Meist handelt es sich um Cumarinpräparate, die zu inneren Blutungen führen. Vorsicht ist auch bei Schädlings- und Unkrautbekämpfungs- sowie bei Frostschutzmitteln geboten. Hochgiftige Thallium-, Zinkphosphid- und Arsenzubereitungen, Blausäure und Strychnin sind heute gottlob kaum noch erhältlich. Die besten Überlebenschancen bestehen, wenn man „nach frischer Tat" das Gift wieder aus dem Magen herausbefördern kann.

Der Tierarzt kann Erbrechen durch eine Spritze auslösen, der Laie durch Eingeben von zwei bis drei Teelöffeln Salz. Nach dem Erbrechen kann eine Aufschwemmung von etwa zehn Kohlekompretten eingeflößt werden. Milch wird nicht gegeben, weil verschiedene Gifte fettlöslich sind. Etwa vorhandene Hinweise auf die Art des Giftes ermöglichen eine rechtzeitige, gezielte tierärztliche Behandlung. Ungewisser sind die Aussichten, wenn Vergiftungsfolgen wie Krämpfe, Mattigkeit oder Brechdurchfall schon eingetreten sind, die Ursache aber nur vermutet werden kann. Eine genaue Diagnose ist oft erst durch Spätschäden wie Blutungen oder Haarausfall möglich. Dann kann es für eine Rettung bereits zu spät sein.

Durchfall ohne Fieber bessert sich häufig nach einem Fastentag: Der Hund erhält ausschließlich stark verdünnten Tee mit einer Prise Salz, aber ohne Zucker. Zur Geschmacksverbesserung ist Süßstoff erlaubt. Zusätzlich ist es nie verkehrt, eine Aufschwemmung von Kohlekompretten einzugeben. Keinesfalls darf Durchfall mit Wasserentzug „behandelt" werden; der Körper würde zu stark austrocknen. Am zweiten Tag erhält der Hund in kleinen Portionen ein Diätfutter, zum Beispiel Beefsteakhack, Schmelzflokken und rohen geriebenen Apfel. Am dritten Tag muß der Kot zumindest wieder dickbreiig sein.

Verstopfungen lassen sich oft durch rohe Leber oder Milz oder einige Teelöffel süßer Dosenmilch beheben. Bei krampfhaft vergeblichem Drängen kann ein Mikroklistier Erfolg bringen. Bei einer Verhärtung von Knochenteilen im Enddarm hilft allerdings meist nur ein fachgerechter Einlauf.

Erbrechen ist keine selbständige Krankheit. Einmaliges Erbrechen kann durch zu hastiges Fressen, zu kaltes Futter oder Aufnahme von Fremdkörpern ausgelöst werden. Gelegentliches Erbrechen ist beim Hund ohne große Bedeutung. Um zu erbrechen frißt der Hund häufig Gras. Geschieht das regelmäßig oder wird ständig das Futter erbrochen, muß ein Tierarzt hinzugezogen werden. Auch Durchfall und Erbrechen mit Fieber sind kein Fall für Hausmittel.

Scheinschwangerschaft tritt bei manchen Hündinnen etwa acht Wochen nach der Läufigkeit auf. Sie sind unruhig, „bemuttern" irgendwelche Gegenstände, fressen schlecht und erbrechen gelegentlich. Das Gesäuge schwillt, Milch bildet sich. Abhilfe schafft häufig wenig Fressen und Trinken bei viel Bewegung und Beschäftigung. Das Gesäuge kann mehrmals täglich mit kaltem Wasser befeuchtet werden, um Schwellung und Milchproduktion zu hemmen. Keineswegs soll die Milch ausgedrückt werden. Damit würde nur die weitere Milchbildung angeregt. Bei sehr starker Gesäugeschwellung und trotz Hausmitteln nicht nachlassenden Erscheinungen muß der Tierarzt verständigt werden.

Insektenstiche, vor allem durch das Schnappen nach Wespen und Bienen verursacht, können schnell zu erheblichen Schwellungen am Kopf oder, noch schlimmer, im Rachen führen. Äußerliche Kühlung mit Eiswürfeln und eine Tablette gegen Allergie ersparen oft nicht die möglichst rasche tierärztliche Behandlung.

Alarmzeichen

Fieber ist eine Abwehrreaktion des Körpers, meist auf Infektionen. Die Hundenase kann auch beim kranken Hund feucht und kühl sein. Die Temperatur muß mit einem Fieberthermometer (je nach Modell bis zu fünf Minuten) im Mastdarm gemessen werden. Sie darf nicht über 39 °C liegen. Untertemperaturen unter 37,5 °C entstehen infolge einer Reduzierung der Stoffwechselvorgänge häufig vor dem Tod.

Husten, als ob ein Knochen im Hals säße, tritt bei Mandelentzündungen auf. Ernstere Infektionen wie Zwingerhusten oder gar Staupe könnten auch vorliegen. Pumpende Atmung entsteht durch eine Lungenentzündung, aber auch durch Wasseransammlung in der Lunge, zum Beispiel infolge von Vergiftungen. Bei alten Hunden kann der damit verbundene Husten auch auf eine Herzschwäche zurückzuführen sein. Bauchpressen und Aufblasen der Backen sind Zeichen höchster Atemnot.

Schleimhäute im Auge und im Fang geben Hinweis auf innere Erkrankungen: Blässe deutet auf Blutarmut hin, Gelbfärbung auf Leberschäden mit Gelbsucht, Blutungen auf schwere Infektionen oder Vergiftungen, eine bläuliche Färbung tritt bei Herz- und Kreislaufschwäche auf.

Kot und Urin mit Blutbeimengungen lassen krankhafte Veränderungen erkennen. Bei Blutungen im Magen und in den vorderen Darmabschnitten kann der Stuhl durch das verdaute Blut pechschwarz aussehen. Nieren-

Was will der Mümmelmann in meinem Körbchen?

erkrankungen können auch mit erhöhtem Durst verbunden sein. Wenn Mattigkeit und Mundgeruch hinzukommen, ist meist bereits eine Harnvergiftung eingetreten.

Harnsteine, Blasenriß oder Vergiftungen können dazu führen, daß überhaupt kein Urin mehr abgesetzt wird; dann besteht höchste Gefahr. Geschwülste, Prostatavergrößerungen und Mastdarmveränderungen erschweren den Kotabsatz. Verhärtete Knochenteile können den Enddarm völlig verstopfen. Erbrechen und zunehmende Mattigkeit bei fehlendem Kotabsatz sprechen für Darmverschluß oder einen Fremdkörper im Darm.

Speicheln wird im harmlosesten Fall durch Fremdkörper in der Maulhöhle oder durch lose Zähne verursacht, bedenklicher wäre eine E 605-Vergiftung oder Pseudowut, schlimmstenfalls ist an Tollwut zu denken.

Umfangsvermehrungen des Bauches bei sonst normalem Ernährungszustand oder zunehmender Abmagerung können durch Tumore oder Bauchhöhlenwasser hervorgerufen werden.

Bei einer Gebärmuttervereiterung besteht gleichzeitig fast immer starker Durst, gelegentlich auch Scheidenausfluß. Eine plötzliche Aufblähung des Bauches mit Kolik und Kreislaufschwäche, bedingt durch eine Magendrehung, erfordert unverzügliche Operation. Eine Entzündung der Kaumuskeln mit Schwellung und Verhärtung sowie hervortretenden Augäpfeln muß sofort tierärztlich behandelt werden.

Infektionen bedrohen die Gesundheit

Staupe und ansteckende Leberentzündung (Hepatitis) sind Viruskrankheiten, die für Junghunde besonders gefährlich sind, aber auch ältere Hunde befallen. Staupe beginnt mit einem häufig kaum merkbaren, kurzen Fieber, dem nach etwa acht Tagen eine schwere Lungenentzündung mit eitrigem Augen- und Nasenausfluß oder ein Durchfall folgt. Eine besondere Verlaufsform ist mit einer Verhärtung der Ballen verbunden. Nach scheinbarer Besserung treten nervöse Erscheinungen bis hin zu Krämpfen auf, die meistens zum Tod führen. Nach überstandener Staupe bleibt häufig ein nervöses Zucken der Kopfmuskeln, der „Staupetick“, nach Erkrankungen im Junghundealter das „Staupegebiß“ mit erheblichen Zahnschmelzdefekten zurück.

Die ansteckende Leberentzündung verläuft ähnlich, mit hohem Fieber, Apathie und Appetitlosigkeit. Hornhauttrübungen können bleibende Folgeschäden sein.

Stuttgarter Hundeseuche (Leptospirose) wird durch Bakterien verursacht und von Hund zu Hund übertragen. Sie beginnt häufig mit einer Schwäche in den Hinterbeinen. Geschwüre im Maul, Magen und Darm sind mit aasartig-faulem Maulgeruch und blutigem Durchfall verbunden.

Tollwut tritt bei Hunden nur noch selten auf. Die Seuche wird vor allem durch Füchse übertragen. Hinweisschilder warnen in gefährdeten Gebieten vor Tollwut. Die Krankheit ist besonders tückisch: Die typischen Wuterscheinungen mit heiserem Gebell, Wasserscheue, Unruhe und unmotivierter Beißwut fehlen häufig. Die „stille Wut“ ist im Anfangsstadium schwer zu erkennen. Ein erkranktes Tier stirbt immer.

Parvovirose ist eine Viruskrankheit, die sich bei Hunden aller Altersgruppen in schweren, durch Erbrechen und Durchfall gekennzeichneten Erkrankungen äußert. Bei Welpen kann plötzlicher Herztod auftreten. Der Erreger ähnelt dem Katzenseuchevirus; eine wechselseitige Ansteckung zwischen Hund und Katze ist jedoch nicht möglich. Die Ansteckung erfolgt über Ausscheidungen von Hund zu Hund, aber auch durch Verschleppung angetrockneter Ausscheidungen, zum Beispiel an Kleidungsstücken.

Impfungen schützen vor diesen Infektionskrankheiten

Welpen in gefährdeten Zuchten oder ungeimpfte Hunde mit verdächtigen Krankheitserscheinungen können mit einem Serum behandelt werden, das fertige spezifische Abwehrstoffe enthält. Diese „passive Immunisierung“ schützt aber nur für zwei bis drei Wochen. Der Käufer eines Hundes sollte den Impfpaß daraufhin genau prüfen.

Länger dauernden Schutz vermittelt nur die „aktive“ Schutzimpfung. Dabei werden abgeschwächte oder abgetötete Infektionserreger eingeimpft. Der Körper reagiert darauf mit der Bildung eigener Abwehrstoffe. Bei den heute üblichen Kombinationsimpfstoffen kennzeichnen die Buchstaben S, H, L, T und P die Wirksamkeit gegen die in Frage kommenden Seuchen. Welpen werden mit sechs bis acht Wochen das erste Mal geimpft und müssen dann mit etwa zwölf Wochen nach Impfplan nachgeimpft werden. Auch bei älteren, noch nicht geimpften Hunden empfiehlt sich eine zweimalige Grundimmunisierung, um einen umfassenden Impfschutz gegen alle Infektionskrankheiten aufzubauen.

Der einmal gebildete Impfschutz baut sich im Laufe der Zeit ab. Kommt der Hund mit betreffenden Seuchenerregern in Berührung, so wird die Antikörperbildung aufgefrischt. Ist der Impfschutz aber bereits zu stark abgesunken, kann der Hund erkranken. Deshalb sind regelmäßige Auffrischungsimpfungen erforderlich, am besten jährlich mit einem Kombinationsimpfstoff. Denn die Tollwutimpfung wird ohnehin nur für ein Jahr anerkannt, die Leptospiroseimpfung wirkt nicht länger, und gegen die seit einiger Zeit wieder bedrohlich zunehmende Staupe gilt es, auf Nummer Sicher zu gehen.

Ein sicherer Impfschutz des Hundes ist auch für den Menschen wichtig. Erkrankte Hunde können Leptospiren übertragen, die beim Menschen das „Canicola-Fieber“ oder die „Weilsche Krankheit“ hervorrufen. Hundetollwut ist wegen des engen Kontaktes für Menschen viel gefährlicher als Wildtollwut. Geimpfte Hunde übertragen keine Tollwut. Nach einem Kontakt mit verdächtigem Wild brauchen sie deshalb auch nicht getötet zu werden, wie dies für ungeimpfte Hunde gesetzlich vorgeschrieben ist.

Gegen andere Infektionen schützt Vorsicht

Toxoplasmose wird durch einzellige Schmarotzer hervorgerufen. Ihr Stammwirt ist die Katze. Bei anderen Tieren werden ansteckungsfähige Dauerformen gebildet. Hunde erkranken überwiegend durch infiziertes Schweinefleisch. Für die Ansteckung des Menschen wurden sie früher zu Unrecht verantwortlich gemacht.

Aujeszkysche Krankheit wird ebenfalls durch Schweinefleisch übertragen. Unstillbarer Juckreiz, Unruhe, Ängstlichkeit und Speichelfluß haben gewisse Ähnlichkeit mit Tollwut. Die Krankheit wird daher auch „Pseudowut“ genannt. Schweinefleisch und in der Zusammensetzung unbekannte Fleischmischungen, zum Beispiel aus Supermärkten, müssen deshalb gut durchgekocht werden. Fertigfutter und Rindfleisch sind dagegen unbedenklich.

Zwingerhusten tritt vor allem in Tierheimen und Hundehandlungen auf. Unter begünstigenden Umständen lösen Viren und Bakterien gemeinsam Entzündungen von Luftröhre und Bronchien aus.

Kennzeichnend ist ein kurzer, trockener Husten. Sekundärinfektionen können den Krankheitsverlauf verschlimmern. Während des Urlaubs sollte man seinen Hund nicht in unbekannte Heime oder Pensionen geben oder ihn vorsorglich auch gegen Zwingerhusten impfen lassen.

Wurmkuren gegen unerwünschte Kostgänger

Spulwürmer können bei Junghunden zu Verdauungs- und Entwicklungsstörungen, zu Vergiftungserscheinungen und sogar zum Tod führen. Fast alle Welpen werden im Mutterleib mit Spulwürmern infiziert. Die ersten Wurmkuren soll schon der Züchter durchführen. Junghunde werden vierteljährlich entwurmt. Ältere Hunde beherbergen nur noch einzelne Würmer. Sie richten zwar keinen großen Schaden an, sind aber eine ständige Infektionsquelle. Hündinnen sollten zumindest sechs Wochen nach jeder Läufigkeit, Rüden mindestens einmal jährlich entwurmt werden. Bei festgestelltem Wurmbefall ist eine sofortige Entwurmung mit einer Wiederholungsbehandlung nach zwei bis drei Wochen erforderlich. Rohe Möhren garantieren keine Wurmfreiheit. Wirksame und verträgliche Mittel sind verschreibungspflichtig. Sie wirken auch gegen andere Rundwurmarten, zum Beispiel gegen Hakenwürmer.

Spulwürmer sind auf ihre Wirtstierarten spezialisiert; wenn der Mensch Hundespulwurmeier aufnimmt, schlüpfen zwar Larven und beginnen ihre Wanderung im Körper, sie bleiben jedoch in Organen oder Muskeln stecken und können dort schmerzhafte Entzündungen verursachen. Besonders gefährdet sind „Krabbelkinder". Wurmkuren dienen daher auch dem Gesundheitsschutz der Familie.

Bandwürmer brauchen für ihre Entwicklung stets einen Zwischenwirt. Für den Hundebandwurm ist dies der Floh. Er nimmt die Wurmeier auf, aus denen sich eine Finne entwickelt. Der Hund „knackt" den Floh, die Finne wächst im Hundedarm zum fertigen Bandwurm aus. Mit dem Kot erscheinen nach geraumer Zeit einzelne kürbiskernförmige, anfangs noch bewegliche Bandwurmglieder oder ein längeres, deutlich gegliedertes Wurmende. Es gibt heute neben speziellen Spulwurm- und Bandwurmmitteln auch Präparate, die gegen beide Parasitenformen wirksam und dabei gut verträglich sind. Empfehlenswert ist eine systematische vierteljährliche Bandwurmbehandlung des Hundes. Zur Bandwurmkur gehört stets eine Flohbehandlung von Hund und Lager.

Besonders bei Jagdhunden kann auch der „gesägte Bandwurm" auftreten, dessen Zwischenwirte Hasen und Kaninchen sind. Andere Bandwurmarten, die durch Fisch oder Wild, Rinder- oder Schafeingeweide übertragen werden, kommen seltener vor. Dazu zählt der „dreigliedrige Bandwurm", der auch dem Menschen gefährlich werden kann. Der Hund sollte zur Vorbeuge keine rohen „Konfiskat"-'Innereien erhalten und daran gehindert werden, Kadaver von Wildtieren anzufressen.

Für Menschen besonders gefährlich ist der vor allem in einigen Gegenden Mittel- und Süddeutschlands verbreitete „Fuchsbandwurm", der auch durch Hunde übertragen werden kann. Neben regelmäßigen Bandwurmkuren ist es die beste Vorbeuge, den Hund in Wald und Flur anzuleinen.

Gefahren für die menschliche Gesundheit?

Impfungen und Wurmkuren schränken Ansteckungsgefahren ein. Hygiene tut ein übriges: Selbstverständlich hat der Hund sein eigenes Lager und Futtergeschirr; beides ist peinlich sauber. Rasen und Wege werden von Hundekot freigehalten. Der Hund wird so erzogen, daß er das Gesicht nicht ableckt. Das Belecken der Hände ist Ausdruck seiner Zuneigung. Man darf sie dulden, denn man kann sich die Hände anschließend waschen. Vorsichtige können Lager, Hütte und andere hygienegefährdete Stellen und Gegenstände regelmäßig desinfizieren. Die Mittel sollen gegen Viren, Bakterien und Pilze wirken. Zur Schnelldesinfektion eignet sich besonders ein Spray, der auch Ektoparasiten abtötet.

Besonders angezeigt sind solche Maßnahmen, wenn der Hund eiternde Wunden, Ekzeme, Furunkel oder eine Vorhaut-, Zahnfleisch- oder Mandelentzündung hat.

Diese Infektionen sind konsequent zu behandeln. Eitererreger können auch beim Menschen Komplikationen verursachen. Vorsicht ist stets bei schlecht heilenden oder sich ausbreitenden Ekzemen geboten: Räudemilben sind zwar auf Tierarten „spezialisiert", können jedoch auch beim Menschen juckende Hautrötungen verursachen. Hautpilzinfektionen sind auf Menschen übertragbar. Daher sollte man umgehend eine Spezialuntersuchung und Behandlung veranlassen. Pilzinfektionen entstehen nur, wenn sich die Erreger länger als 12–24 Stunden auf der menschlichen Haut einnisten können. Gründliches Waschen bannt die Gefahr. Zusätzliche Sicherheit bietet ein Handdesinfektionsmittel, das nach Berührung verdächtiger Stellen oder Ausscheidungen in die Hände eingerieben wird.

Allergien sind auch durch größte Sauberkeit nicht immer zu vermeiden. Einige Menschen reagieren bei Kontakt mit Tierhaaren und -hautteilen mit Ausschlägen oder Atembeschwerden. Katzen, Meerschweinchen und Vögel sind viel öfter als Hunde die Auslöser; viele andere pflanzliche und tierische Stoffe kommen hinzu. Die Allergieursache kann von einem Hautarzt durch Spezialtests auf der Haut ermittelt werden. Auf Verdacht braucht also kein Hund abgeschafft zu werden. Und vor der Anschaffung eines Setters oder Pointers brauchen auch gesundheitsbewußte Hundefreunde nicht zurückzuschrecken.

Der alternde Hund

Im Durchschnitt werden Pointer und Setter 12–15 Jahre alt. Dabei verrichten sie auch noch leichtere jagdliche Arbeit, soweit keine großen körperlichen Mängel da sind, bis ins hohe Alter. Es geht aber nun natürlich alles etwas langsamer. Um vor frühzeitigem Altern zu schützen, darf es auch beim älteren Hund an Bewegung in angemessenem Umfang nicht fehlen. „Wer rastete, der rostet“. Das Tier sucht jetzt vermehrt die Nähe des Menschen. Für Liebkosungen ist unser Hausgenosse besonders dankbar. Solange Appetit und Bewegungsvermögen noch einigermaßen vorhanden sind, ist die Haltung problemlos. Die Fütterung sollte nun wieder auf 2–3 Mahlzeiten täglich verteilt werden und ist in der Menge dem vorhandenem Bewegungsdrang anzupassen, um einer Verfettung im Alter vorzubeugen.

Alternder Irish-Setter-Rüde

Zeichen des Alterns sind das Grauwerden der Haare am Kopf und Fang, die Abnutzung der Zähne und das Nachlassen der Sehkraft und des Hörvermögens. Die Nasenleistung bleibt dagegen meist bis ins hohe Alter erhalten. Alte Hunde haben außerdem ein sehr großes Ruhebedürfnis. Beim täglichen Auslauf müssen wir auf die langsamere Gangart Rücksicht nehmen. Manche Hunde zeigen auch ein mürrisches Wesen, wenn sie in ihrem Ruhebedürfnis gestört werden.

All diese Alterserscheinungen führen nicht unbedingt zur baldigen Trennung von unserem Hund. Nur Lähmungen, totales Festliegen, ständige Futterverweigerung und zunehmende Verkrebsung und verschiedene Organkrankheiten werden auf die Dauer zur Qual für Herr und Hund. Dann sollte man mit seinem Tierarzt ein vertrauensvolles Gespräch führen, inwieweit eine weitere Behandlung erfolgversprechend ist und nicht nur die Beschwerden des Tieres verlängert. Ein Hundeleben ist leider im Vergleich zum Menschenleben sehr kurz. Dann geht es ans Abschiednehmen. Lassen Sie ihren Kameraden vom Tierarzt erlösen und in die ewigen Jagdgründe hinüberschlafen – am besten in der vertrauten Umgebung und nicht in der Tierarztpraxis.

Ein neuer junger Hund tröstet in der Regel bald über den schmerzlichen Verlust hinweg und hält Herrchen und Frauchen durch seinen Tatendrang so stark auf Trab, daß das Vergessen doch wesentlich erleichtert wird.

Anhang

Anschriften, die Sie kennen sollten

Bundesrepublik Deutschland

Verband für das
Deutsche Hundewesen e. V. (VDH)
Westfalendamm 174
D-44141 Dortmund
Tel. 02 31 / 5 65 00-0
Fax 02 31 / 59 24 40

Verein für Pointer und Setter e. V.
Hans Meier
Marquardsholz C22
Tel. 0 91 74 - 15 25
Fax 0 91 74 - 4 84 53
91161 Hilpoltstein
Betreut die Rassen Irish Red Setter,
Gordon Setter, English Setter, Pointer,
Irish Red and White Setter

English Setter Club Deutschland e. V.
Petra Igler
Aubinger Straße 129a
81243 München
Tel. 0 89 - 8 71 21 44
Betreut die Rasse English Setter

Gordon Setter Club Deutschland e. V.
Angelika Reiser
Feldstraße 49
45549 Sprockhövel
Tel. 0 23 24 - 7 88 97
Betreut die Rasse Gordon Setter

Irish Setter Club Deutschland e. V.
Hilde Schwoyer
Höhenweg 8
89346 Bibertal-Bühl
Tel. 0 82 26 - 17 29
Betreut die Rasse Irish Red Setter

Deutscher Pointerclub e. V.
Franz Locher
Ostpreußenstr. 35
35633 Lahnau
Tel. 0 64 41 - 6 23 52
Betreut die Rasse Pointer

Österreich

Österr. Klub für Englische Vorstehhunde
Ilse Mauler
Ober Bregarten 6
A-2482 Münchdorf
Tel. 0 22 59 - 23 54 (Österreich)
Betreut die Rassen Irish Setter,
Gordon Setter, English Setter, Pointer,
Irish Red and White Setter

Schweiz

Setter und Pointer Club der Schweiz
Beatrice Nauer
Sonnhaldenerstr. 7
CH-5027 Herznach
Tel. 0 62 - 878 16 15 (Schweiz)
Betreut die Rassen Irish Red Setter,
Gordon Setter, English Setter, Pointer,
Irish Red and White Setter

Literatur

SCHWOYER, HILDE: Setter und Pointer. Kosmos Hundebibliothek, 1976

VEREIN FÜR POINTER U. SETTER: Pointer- u. Setternachrichten. (Hefte erscheinen 6 mal im Jahr)

GRANDERATH: Hundeabrichtung. Neumann und Neudamm Verlag, 1974

DR. TABEL, C.: Der Jagdgebrauchshund. F. C. Mayer Verlag. München 1964

Weiterführende Literatur aus dem Parey Buchverlag

BEYERSDORF, P., 1993: Dein Hund auf Ausstellungen. 2. Auflage

BURTZIK, P., 1996: Erziehung und Ausbildung des Hundes. 5. Auflage.

FIEDELMEYER, L., 1983: Kauf, Pflege und Fütterung des Hundes. 3. Auflage.

HEGENDORF, 1980: Der Gebrauchshund. Haltung, Ausbildung und Zucht. 14. Auflage

KOBER, U., PEPER, W., 1995: Pareys Hundebuch. 2. Auflage.

POORTVLIET, R., 1987: Mein Hundebuch. 2. Auflage.

QUEDNAU, F., 1987: Rechtskunde für Hundehalter.

SCHMIDTKE, H.-O., 1984: Gesundheitsfibel für Hunde. 2. Auflage.

WEIDT, H., 1996: Der Hund, mit dem wir leben: Verhalten und Wesen. 3. Auflage.

Bildnachweis

Seite 11
GABRIELE FELS, München

Seiten 13, 46, 95
ROLF HINZ, Wedel

Seiten 16, 27, 42, 43, 48, 51, 52, 55, 60, 62, 65, 67, 68, 70, 88, 90, 102
Verein für Pointer und Setter e.V., Hilpoltstein

Seiten 20, 44, 78
GÜNTER MEIER, Katharinenberg

Seiten 23, 31, 41, 73
Archiv Parey Buchverlag

Zeichnungen: GISELA JAHRMÄRKER, Berlin

Alle übrigen Abbildungen stammen aus dem Besitz der Verfasser

